마흔에 혼자 읽는

주역 인문학

깨달음의
실천 편

세상에서 가장 쉬운 주역 공부

김승호 지음

周易

깨달음의
실천 편

마흔에 혼자 읽는

주역 인문학

세상에서 가장 쉬운 주역 공부

다산
초당

주역을 배우고
수행하는 첫걸음

인생이란 반드시 그 삶이 의미가 있어야 할 것이다. 산에 토끼 한 마리가 평생을 행복하게 살았다 한들 우리는 그것에 대해 큰 가치를 부여하지 않는다.

우주는 무한히 광활하다. 하지만 우주 속 그 모든 것들이 의미가 불분명하다면 존재의 가치가 무엇이겠는가? 우리는 항상 주변의 모든 것에 대해 의미가 무엇인지를 파악해야 한다. 그래야 세상이 가치를 가지기 때문이다. 주역이 이처럼 사물의 의미를 규명하는 학문이기에 공자는 평생 주역 공부에 몰두했던 것이다.

이 책은 주역 그 자체를 이해하기 위해 만들어졌다. 이 책은 앞서 나온 『마흔에 혼자 읽는 주역인문학 – 기초 원리 편』에서 좀 더 단계를 높인 것이다. 그렇다고 특별히 어려운 것은 없다. 단지 주역의 이면에 깔린 원리를 상세하게 추적했을 뿐이다. 독자 여러분은 그냥 읽어나가면 쉽게 이해할 수 있을 것이다.

주역은 원래 어려운 학문이 아니다. 세상이란 처음부터 단순한 원리에 의해 만들어진 것이다. 그렇기 때문에 주역도 결코 어려울 수 없다. 주역이 어려워진 것은 그 자체의 원리 때문이 아니라 사람이 제대로 알지 못했기 때문이었다. 이 책은 그런 주역을 쉽게 이해하는 방법을 제시하고 있다.

옛사람들은 지구가 둥근지조차 모르고 살았기 때문에 주역을 이해하는 방법도 합리적이지 못했다. 하지만 현대인들은 이미 사물을 이해하는 방법을 합리적으로 터득하고 있기에 주역을 이해하는 것이 어렵지 않다. 우리는 누구나 어려서부터 합리적으로 사물을 이해하는 훈련을 받아왔다.

　가령 이제는 천둥이 칠 때 이를 하늘이 노(怒)한 것으로 보지 않는다. 우리는 지구가 둥글다는 것도 잘 알고 있다. 원래 사물의 이해란 생각하는 방법부터 합리적이어야 한다. 이 책은 비록 난해하다는 주역을 다루고 있지만 합리적 이해를 추구했기 때문에 무리 없이 주역의 핵심에 접근해 갈 수 있을 것이다.

　특히 이 책은 주역의 군주괘(君主卦)를 소상히 다루고 있는데, 그 이유는 군주괘 안에 괘상을 이해하는 근원적 원리가 다 담겨 있기 때문이다. 이것부터 파헤친다면 주역을 단숨에 이해할 수 있다.

　이 책은 다른 책에서는 말하지 않은 부분을 논하고 있는데,

바로 주역을 이해하는 것을 넘어 수행의 목표를 밝힌다는 것이다. 인생이란 배우고, 그렇게 알게 된 것을 수행하면서 발전하는 법이다. 주역 공부 역시 단순히 괘상의 뜻을 이해하는 것으로 끝나면 안 된다. 그것을 몸으로 체득하여 마침내 천지의 운행과 합치하는 것을 목표로 삼아야 한다. 알고 행한다는 것, 그렇게 함으로써 깨달음은 점점 깊어진다. 이 책은 그 점을 강조하고 구체적으로 방법을 제시하고 있다.

또 하나, 이 책은 괘상을 병법이나 일상생활에 적용한 사례를 보여주며 괘상의 본질을 심도 깊게 조명했다. 주역의 괘상은 그 본질을 확연히 깨닫기만 하면 누구나 삶에 적용할 수 있다. 흔히 사람들은 주역 공부를 통해 최상의 지혜를 얻는 데 초점을 맞추고 있지만, 사실 주역에는 그 이상의 섭리가 들어 있다. 바로 우리가 주역을 통해 천지의 운행에 참여할 수 있다는 것이다.

이 책은 주역의 모든 것을 다루지는 않았다. 하지만 주역의 전모를 파악해 핵심을 깨달을 수 있도록 썼다.

세상은 의미로 가득 차 있으므로, 우리 인간은 기필코 그 모든 것을 깨달아야 할 것이다. 공자는 아침에 도를 들으면 저녁에 죽어도 좋다고 가르쳤다. 이는 대자연의 섭리와 합일하는 것을 뜻하는 것이 아니겠는가. 깨달음에 이르게 되면 내가 곧 세상이고 세상이 곧 나일 터인즉 삶과 죽음도 곧 하나가 될 것이다.

주역의 궁극적인 목표는 깨달음에 있다. 이 책은 하나를 깨달아 둘에 이르게 하고 둘을 깨달아 모든 것으로 나아갈 수 있도록 주역의 원리를 포괄적으로 밝혀놓았다. 나는 독자들이 이 책을 적극적으로 수행서(修行書)로도 사용하길 바란다. 물론 그것은 주역의 괘상을 자연 그대로 이해해야만 가능할 것이다.

신비란 결국 영원한 진리 그 자체일 수밖에 없다. 막연한 신
비는 혹세무민(惑世誣民)에 지나지 않을 것이다. 나는 독자 여러
분들이 이 책을 통해 성인이 추구했던 신비한 세계를 통찰하고
마침내 삶의 가치를 드높이기를 희망한다.

2장

깊은 주역 공부를 위한 기초

3장

64괘의 시작, 군주괘

4장

군주괘의 의미와 구조

주역의 문을
열다

개념과
실제

삼각형은 3개의 직선이 모여 3개의 각을 이룬 도형이다. 우리는 실제로 삼각형을 그려 눈으로 그 모양을 볼 수 있다. 삼각형을 그리기로 한다면 무한히 많이 그릴 수 있는데, 여기서 생각해 볼 것이 있다. 삼각형은 과거에도 있었고 미래에도 있으며, 그 개념은 누가 삼각형을 그리든 안 그리든 이미 존재해 왔다.

실제로 그려놓은 삼각형을 현미경으로 자세히 살펴보면 삼각형의 개념, 즉 정의와 많이 다르다. 우리는 사실 선이라는 것을 정확히 그릴 수 없다. 이는 아무리 과학이 발달해도 영원히 그릴 수 없는 존재다. 선, 또는 삼각형 등은 그 개념이 존재할 뿐이지 실제로 완벽하게 구현할 수는 없다.

우리가 종이 위에 볼펜으로 그려본 삼각형은 우리 눈에 삼 각형으로 간주되는 그 무엇일 뿐이다. 하지만 우리가 선을 똑바 로 그리지 않아도 비슷하게 삼각형으로 그려놓으면 그것을 삼각 형이라고 생각해도 된다. 우리 마음속의 개념을 생각하면 되기 때문이다.

이는 모든 만물에 적용되는 절대적인 이론이다. 개념이란 항상 실제 사물보다 먼저 있는 것이다. 남녀가 만나 서로 포옹을 하고 선물을 주고 만나서 기뻐하고 결혼을 하고자 하면 이를 사 랑이라고 말한다. 다른 사람이 그렇게 해도 역시 사랑이다. 사랑 이란 개념은 누가 그것을 실현해 보이지 않았어도 언제나 나타 날 준비를 하고 있는 것이다.

개념은 실제와 별개로 존재하는데, 플라톤은 이를 이데아 (idea)라고 불렀다. 이데아는 실제보다 먼저 있는 것이다. 삼각형 의 개념, 즉 삼각형 이데아는 사람이 그것을 만년 동안 그리지 않아도 저 스스로 존재하고 있을 뿐이다.

개념, 즉 이데아를 생각하면서 우리의 우주를 보자. 우주는 현재 팽창하고 있다. 팽창에 주목하자. 팽창이라는 개념은 우주 와 상관없이 원래부터 있던 것이다. 인간이 팽창이란 개념을 이 미 알고 있었는데, 마침 우주가 팽창하고 있었던 것뿐이다. 이는 팽창으로 우주를 설명했다는 것에 다름 아니다.

서로 당긴다는 개념도 별이 있든 없든 원래 있던 개념이다. 그런데 마침 별들이 그렇다 하니 쉽게 현상의 뜻을 밝힐 수 있었다. 세상만사가 다 이런 식으로 되어 있다. 중력을 찾아낸 뉴턴이 있건 없건 별들은 서로 끌리는 존재인 것이다. 그리고 별들이 없어도 끌린다는 개념은 저 홀로 그냥 있었다.

이제부터 우리는 개념에 초점을 두고 이야기하자. 팽창과 축소, 이것을 주역에서는 양의 속성, 음의 속성이라고 부른다. 음양의 속성은 팽창과 축소로 다 말할 수 있는 것은 아니다. 단지 팽창은 양의 속성이고 축소는 음의 속성이라고 말할 수 있다. 이제 우리는 팽창과 축소 말고 양과 음으로 우주를 설명할 수 있게 되었다.

이렇게 설명하면 개념이 더욱 깊어지기 때문에 그렇게 해야 한다. 만물은 개념을 잘 정의해야 이해에 도달할 수 있는 법이다. 흐리멍덩하게 대충 말해서는 개념을 확실히 할 수 없어서 남도 속이고 자기도 속게 된다. 철두철미하게 분명히 하자는 것이다.

어떤 사람은 이렇게 말할지도 모르겠다.

"팽창이니 축소니 하는 말은 우리가 늘 접하는 쉬운 개념인데 무엇 때문에 양이니 음이니 하며 어렵게 표현하는 것인가?"

맞는 말이다. 양과 음은 팽창과 축소보다는 생소하다. 하지만 양과 음을 알아두면 앎이 더 깊어질 수 있다.

예를 들어보자. 우리가 사는 우주는 팽창에 의해서든 시간에 의해서는 항상 새로워지고 있는 중이다. 새로워진다! 이 개념은 팽창과는 달라 보이지만 새로워진다는 것으로도 우주를 설명할 수 있다. 우리가 살고 있는 이 세상은 매 순간 새로워지고 있는 것이다.

새로움! 이것은 양의 속성이다. 양으로 우주를 설명하면 '팽창'과 '새로움'을 동시에 이야기하는 것이 된다. 우주에는 팽창과 새로움 말고도 아주 많은 개념이 존재한다. 하지만 이 모든 것은 한마디로 양일 뿐이다.

우리가 만일 양이라는 개념을 모른다면 우주를 아무리 연구해도 본질을 모르는 것이다. 그리고 우주에 대해 아무리 말해도 다 말한 것이 아니다. 우리가 눈치 채지 못한 다른 면이 숨어 있기 때문이다. 그러나 우리가 양이라는 개념을 사용한다면, 양이 무엇인지에 대해 앉아서 연구만 해도 우주의 성격을 알 수 있다. 저 멀리에 있는 우주 밖을 관찰하지 않아도 되는 것이다.

개념은 실제보다 먼저 있는 것이고, 개념은 제대로, 잘, 깊게 정의되어야만 그 속에 모든 실제를 함축할 수 있다. 우리는 앞으로 양과 음이라는 개념을 통해 우주, 즉 세상에 대해 새로운 관점을 갖게 될 것이다. 우리가 사는 세상은 원래부터 그렇게 되어 있었던 것이다. 그런데 우리가 개념을 제대로 설정하지 못했기 때문에 세상을 잘 모르고 살았을 뿐이다.

앞으로 우리는 양과 음만으로도 모든 사물을 이해할 수 있다는 것을 깨닫게 될 것이다. 우리는 이렇게 모든 것을 이해하기 위해 주역을 공부하는 중이다.

하늘과
공간

먼 옛날 우리의 조상들은 지구가 둥근지 몰랐다. 그들이 생각하기에는 땅은 평평하게 계속 이어지고 그 위에 하늘이 열려 있는 것이었다. 땅을 계속 달려가 보면 바다가 나타나고, 바다 끝에는 절벽이 있는 것이었다. 하늘에는 별과 태양, 그리고 달이 있었다. 이들 중에 태양은 땅 속에 숨어 있다가 낮에 나타난다. 그리고 별과 달은 밤에 나타난다. 이들은 땅 속에 뚫려 있는 동굴을 통과하여 동서로 순환한다. 더 깊은 땅 아래에는 지옥이 있다. 그곳은 죄지은 사람이 죽어서 가는 곳으로, 뜨거운 불길이 영원히 타오른다. 옛사람은 태양이 그리 크지 않은 불덩이일 뿐 무엇인지를 자세히 알 수 없었다. 별은 그저 하늘에서 반짝이는 뾰족한 물체에 불과했다.

우리 조상들의 생각은 이토록 단순했다. 이 생각은 몇백 년 전까지도 변함없이 이어졌다. 그러나 인류는 차차 세상을 깨달아가면서 지구는 둥근 것이 아닐까 하고 생각하기 시작했다. 이는 선각자들이 자연을 관찰하고 생각을 덧붙여서 후대에 전했기 때문이다.

그러나 지구가 둥글다는 것을 확실히 입증해 보인 것은 콜럼버스의 항해였다. 그는 지구가 둥글다는 믿음을 굳히고 탐험에 나섰다. 당시 사람들은 서쪽 바다로 계속 나아가면 한없이 깊은 낭떠러지가 나올 것으로 생각했다. 이런 상황에서 콜럼버스는 항해를 강행했다.

바다는 점점 깊어지고 선원들은 공포에 떨었다. 하지만 콜럼버스는 깊은 신념을 가지고 계속 서쪽으로 나아갔다. 그러던 어느 날 섬들이 나타나기 시작했고, 급기야 아메리카 신대륙을 발견했다. 처음에는 그들이 발견한 대륙이 인도인 줄 알았다. 하지만 그곳이 신대륙이라는 것을 알게 되자 놀라움과 함께 드디어 지구가 둥글다는 것을 깨닫게 되었다. 이것이 가장 큰 발견이었다.

지구가 둥글다는 것을 깨닫게 된 순간부터 세상은 달라지기 시작했고, 인류는 우주를 새롭게 해석하기에 바빴다. 처음으로 인류가 눈치 챈 것은 태양이 땅 속을 통과하는 것이 아니라는 사실이다. 그들은 태양이 지구 주위를 멀리서 돌고 있다고 생각했다. 이러한 생각은 가톨릭의 교황청에서 교리로 지정되었고, 인류는 세상이 다 그런 줄 알았다.

하지만 이 생각에도 제동이 걸렸다. 갈릴레오라는 천문학자가 등장하여 지구가 태양 주위를 돌고 있다고 선언한 것이다. 교황청은 발끈했다. 그들 생각에 지구는 하나님이 만들었기 때문에 태양이나 달, 그리고 모든 별은 지구를 중심으로 돌고 있어야 했다. 갈릴레오의 선언은 교리에 도전하는 것이고, 하나님에 대한 불경이었다. 그래서 갈릴레오는 평생토록 가택에 연금당했다.

이후 그 누구도 함부로 진리를 말하는 사람이 없었다. 하지만 갈릴레오가 죽던 날 태어난 또 한 사람의 천재가 교황청의 진리에 도전했다. 그는 바로 뉴턴이었는데, 이 사람은 지구가 태양을 돌고 있다는 확실한 과학적 증거를 들고 나와 교황청을 설득했다. 결국 교황청은 손을 들었고 인류는 우주의 진실을 받아들일 수 있게 되었다.

이때부터는 자연을 관찰하고 그 원리를 규명하는 것이 자유로워졌다. 인류의 눈이 멀리 우주로 펼쳐지기 시작한 것이다. 세상은 완전히 달라졌다. 하지만 우주는 원래부터 그런 모습이었다. 교황청이든 엉터리 철학자든 누가 뭐라고 해도 우주 대자연은 저 스스로의 모습을 간직하고 있었던 것이다. 이제 누구든 무슨 말을 하려고 하면 우주를 보고 말을 해야 했고, 실제로 존재하는 자연을 설명해야만 했다. 이렇게 해서 인류의 여명기는 서서히 막이 올랐다.

그런데 우주는 너무나 광활했다. 우리는 무엇을 먼저 말해야 하며, 무엇을 깨달아야 하는가? 처음엔 막막했다. 하지만 인류는 자연의 비밀에 도전하기 시작했다. 인류가 제대로 길을 가는 한 세상은 차츰 본 모습을 드러낼 수밖에 없을 것이다.

이제 인류는 평평한 땅 위에 서 있는 존재가 아니라 광활한 우주를 바라보는 존재가 되었다. 세상은 처음부터 그렇게 되어 있었건만 잘못된 시각에 의해 왜곡되었던 것이다. 우주는 넓고도 넓어 끝이 없었다. 인간도 이제는 그 현실을 받아들여야만 했다. 그래서 지성인임을 자처했던 사람들은 다급히 우주에 대한 새로운 이론을 만드는 데 달려들었다. 우주는 무엇이고 여기서 우리는 무엇을 배워야 하는가?

가장 먼저 주목해야 할 것은 광활한 공간이었다. 예전에는 하늘이라고 불렸던 존재다. 땅에서 보면 하늘이 공간이고, 공간이 하늘이다. 옛날에도 하늘은 있었다. 달라진 것이 있다면 옛날의 하늘은 지구의 지붕이고, 닿을 수 없을 만큼 높을 뿐 무한하지는 않다는 것이다. 하지만 지금의 하늘은 단순한 지붕이 아니고 한없이 열려 있는 공간이다.

　이러한 공간은 저 끝에 '막'이 존재하는 그런 것이 아니다. 더더구나 그 막 위에 천국이 있는 것도 아니다. 하늘은 그저 무한히 열려 있을 뿐이다. 가도 가도 끝이 없다. 이것을 무엇이라 불러야 할까? 예전처럼 그냥 하늘이라고 불러야 하는 수밖에 없다. 다만 이제 알게 된 하늘은 영원히 끝나지 않을 멀고 또 먼 곳에 있는 '천국'이 아니다.

　저 끝없는 하늘과 땅 사이에는 공간이라는 게 있다. 하늘이 곧 공간이라 말하기도 하지만 다소 차이가 있다. 하늘이 가도 가도 끝없는 개념이라면 그 하늘이 지나간 곳이 공간인 것이다. 공간의 끝이 있느냐고 묻는다면 우리는 즉각 '그 너머에 있는 것은 무엇인가?'라고 되물을 수 있다. 그래서 하늘은 끝없는 그 무엇이고, 그곳까지 가는 과정이 공간인 것이다.

　물론 하늘에 끝이 없기 때문에 공간도 끝이 있을 수 없다. 공간은 상상만 하면 언제든지 확장할 수 있다. 오늘날 과학자들은 우리의 우주, 즉 공간에 일정한 크기가 있다고 하지만 이는 끝이 있다는 뜻이 아니다. 그 밖은 얼마든지 있고, 우리는 어떤 종류의 우주에 살고 있다는 의미에 불과한 것이다.

　이제 우리가 살고 있는 곳이 어떻게 되어 있는지는 분명해졌다. 이곳에 땅이 있고, 저 끝없이 먼 곳에 하늘이 있는 것이다.

하늘과 땅 사이에는 공간이 있다. 먼 옛날 우리의 조상들은 세계를 '천지간(天地間, 하늘과 땅 사이)'이라고 불렀다. 그것은 맞는 말이었다. 하늘은 끝이 없건만 땅은 이 자리에 있다. 그러니까 세상은 끝없이 넓은 것이다.

이제는 밝혀졌지만 태양이나 달, 별 등은 우리의 지구처럼 거대한 흙덩어리일 뿐이다. 그것들도 무한히 많다. 공간에 끝이 없으니 당연할 것이다. 하지만 우리가 사는 우주를 어떤 종류로 분류하면 그 속에 있는 별의 개수는 셀 수 있는 유한한 양이 된다. 물론 그 밖의 세계, 그리고 또 그 밖의 세계는 얼마든지 있으니 결국 별의 개수도 끝이 없다.

여기서 다시 지구로 돌아오자. 끝없는 것을 계속 다루다 보면 개념이 모호해지기 때문이다. 우리의 정신도 피곤해진다. 우리가 사는 세상은 그저 하늘과 땅 사이라고만 해두자. 하늘 밖을 논해서는 안 된다. 하늘 밖도 그저 하늘이다. 이 문제는 차차 다시 이야기하기로 하고, 하늘을 일단 상징기호로 표시해 두자. 끝없다는 말을 계속하기도 힘들지 않은가.

하늘은 기호로 ☰ 이렇게 표현할 수 있다. 주역의 기호인데, 어렵게 생각할 것 없이 무한이란 뜻으로 알고 있으면 된다. 인류는 근대에 이르러서 하늘을 살피다가 무한이라는 실제 개념을 발견하게 된 것이다. 철학이나 수학, 과학 등에도 무한이 등장하지만 실세계에서는 공간 끝없이 펼쳐진 멀리가 무한이다.

현대수학에서는 무한을 ∞로 표현하는데, 이것을 좀 더 수준 높게 표현하면 ☰이 된다. ☰을 조금 설명하자면 이는 양의 극한을 의미하는데, 양이란 간단히 말하면 확산하고 있는 존재다. 양의 기호인 '━' 하나는 양의 성질인 확산을 뜻한다. 이것을 3중으로 만들어 ☰로 표현하면 그때 무한이 되는 것이다.

하늘이란 무한히 확산되는 그 무엇이다. 그런데 이렇게 이야기해서는 끝이 없다. 이것을 기호로 표현하면 ☰이 되고, 한자로는 천(天)이라고 말한다.

이제 하늘을 정의했으니 그 반대 개념을 이야기할 때가 되었다. 그것은 바로 땅이다. 우리가 땅에서 살고 있기 때문에 땅을 먼저 이야기해야 할 것 같지만 하늘이 먼저 생긴 후에 땅이 생긴 것이므로 하늘을 먼저 이야기해야 맞다. 과학적으로 이야기하자면 공간이 먼저 생기고 별들이 생겼다는 뜻이다. 별이 바로 땅이다.

땅은 주역에서 ☷로 표현하는데, 이는 음 덩어리라는 뜻이다. ━━이 하나만 있으면 덩어리가 아니고 그냥 음이라는 의미인데, 이것은 양의 반대 개념으로서 축소하는 성질을 가진 존재 정도로 알아두면 된다. ━━이 3중으로 모여 ☷이 되면 이는 음의 극한으로, ☰의 반대 개념이 된다.

　—과 --, 또는 ☰과 ☷의 깊은 개념은 차차 논의할 것이다.
여기서는 ☰과 ☷ 사이가 세상이라는 것을 분명히 알아두어야
한다. 모든 것이 천지간, 즉 ☰과 ☷ 사이에 있기 때문이다. 만물
은 ☰과 ☷ 사이를 떠나서 그 어떠한 개념도 존재할 수가 없다.

땅이란
무엇인가?

둥근 지구를 다시 보자. 사람은 공처럼 둥근 지표면에 빙 둘러 자리 잡고 있다. 이때 하나의 걱정이 떠오른다. 저 밑에 있는 사람이 떨어지지 않을까? 콜럼버스의 항해에 의해 지구가 둥글다는 것이 밝혀지자 제일 먼저 떠오른 의문이 이것이었다. 오늘날에 와서는 우스운 이야기지만 당시로서는 상당히 심각한 문제가 아닐 수 없었다.

이 문제는 한참 후에 뉴턴이 물질은 서로 잡아당긴다는 근원적 원리를 밝혀 해결했다. 그래서 지구 저편에 있는 사람도 반대편에 있는 사람과 똑같이 지구 위에 서 있을 수 있다. 원래 지구 표면은 평등하다. 위아래가 없는 것이다.

이 문제에 관해 오래전 기억이 하나 떠오른다. 50년 전 나는 산골 마을을 방문한 적이 있었다. 그곳에서 동네 할머니에게 지구가 둥글다는 이야기를 하게 되었는데, 할머니는 그 말을 듣고 심하게 놀랐다.

"둥글다고? 그럼 저 밑에 있는 사람은 왜 안 떨어져?"

나는 만유인력(萬有引力, universal gravitation)을 이야기하면서 지구 아래쪽도 이쪽과 마찬가지라고 설명해 주었다. 하지만 할머니는 전혀 이해하지 못했다. 오히려 만유인력이 도대체 왜 존재하느냐를 따지는 것이었다. 할머니는 지구가 허공에 왜 떠 있느냐고도 물었다. 참 어려운 이야기였다. 사람이 모든 것을 동시에 알 수는 없다. 지구에 대해 알기 위해서 당장 받아들여야 할 것은 만유인력이 존재한다는 사실이고, 그런 힘이 어째서 있느냐는 전혀 다른 차원의 문제다. 하지만 할머니는 땅이 평평하다는 생각을 바꾸지 않았다.

세상에는 만유인력처럼 잡아당기는 성질이 있는데, 그것은 바로 음(陰)이다. 뉴턴이 발견한 만유인력은 세상에 끌어당기는 힘이 존재한다는 것을 뜻한다. 서로 끌어당겨서 모여 있는 것은 땅이다. 이는 땅이 있는 이유고, 그것은 주역에서 ☷으로 표현할 뿐이다. 땅은 음 덩어리다. 그리고 그것은 잡아당기는 성질을 갖고 있다. 별들이 다 그런 것이다. 우주에는 별들이 무한히 많은 데, 그 모든 것은 음이라는 공통 성질에 의해 존재한다.

음이라는 것은 우리의 일상용어로는 물질이다. 물질이 무엇이냐고 물으면 음이라고 대답하면 된다. 음 따로 물질 따로 있는 것이 절대 아니다. 우주에 음이라는 힘이 없으면 별도 없고 지구도 없다. 여기 어떤 것이 있는데, 그것을 물질이라고 부르면 이는 그것의 이름을 이야기했을 뿐이다. 그러나 음이라고 하면 이는 근원적 개념을 설명한 것이 된다. 다시 말하지만 땅이 음의 성질을 갖고 있는 것이 아니라 음의 성질이 땅을 만든 것이다.

이제는 음이 무엇이냐는 질문을 하면 된다. 물질이 뭐냐, 땅이 뭐냐고 묻지 말고 음이 무엇이냐고 묻는 순간 우리는 자연의 심오한 원리를 탐색하고 있는 것이다. 음은 --으로 표현되고, 양은 —으로 표현된다. 사물은 기호로 표시하면 그 본질에 더 가까워진다. 세상엔 —과 --이 존재할 뿐이고 그 외의 것은 결단코 없다.

우리는 잠깐 동안에 세상의 근원을 알아버렸다. 이제부터는 —과 --의 개념을 더욱 공고히 하면 된다. 앞서 우리는 --으로 모든 별의 존재 이유를 단번에 설명했다. 할머니가 따져 물었던 '만유인력은 왜 있느냐'는 질문도 이미 대답한 것이다. 음이 만유인력이고, 땅이고, 별이다.

음이 무엇이냐는 질문에 대해서 좀 더 명확하게 답하지는 않았는데, 지금으로서는 세상에는 음이라는 것이 있다는 정도로 이해하면 된다. 이에 따라 즉각 떠오르는 의문이 있다. 음의 반대라는 양은 어디에 있는 무엇인가? 서로 반대인 것이 존재한다는 것은 아주 자연스러운 것으로, 이는 모든 것의 원리다.

과학자들은 만유인력을 발견하자 자연의 모든 것을 알았다고 자부심을 느꼈다. 하지만 그 반대의 힘이 있다는 것에 대해서는 아무도 의문을 제기하지 않았다. 뉴턴도 만유인력, 즉 음을 발견했지만 양을 생각해 보지는 못했다. 대자연의 기본 이치는 어떤 존재가 있으면 그 반대도 있어야 한다는 것인데 뉴턴은 그 생각까지는 못했던 것이다.

이 문제는 뉴턴 이후 400년이나 지난 오늘날 갑자기 등장했다. 만유척력(萬有斥力, universal repulsive force) 말이다. 논리적으로 보면 당기는 힘이 있다면 반드시 밀어내는 힘도 있어야 한다는 것을 이미 알 수 있다. 그런데도 과학자들은 그것을 까마득하게 몰랐다. 이미 주역에서는 음과 양은 서로 반드시 함께 존재해야 한다는 원리를 말하고 있었다. 과학자들이 이 원리를 진즉에 알았다면 만유인력의 반대현상을 쉽게 찾아낼 수 있었을 것이다.

오늘날의 과학자들은 뒤늦게나마 이것을 찾아냈다. 사실 이것은 별 게 아니다. 음이 있으면 양이 있는 법이다. 음, 즉 땅을 찾아낸 이후 양이 나타났다고 해서 이상하게 생각할 필요가 없다. 양은 음과 마찬가지로 그저 있는 것이다.

과학자들은 그것을 '암흑에너지(dark energy)'라고 명명했다. 자연의 원리를 적용하여 존재를 예측했던 것은 아니다. 그저 자연에 존재하는 힘 하나를 추가했을 뿐이다. 이 에너지는 하나의 분명한 성질을 가지고 있는데, 그것은 서로를 밀어내는 힘이다.

만유인력과 정확히 반대다. 이 힘은 서로를 밀어내기 때문에 산산이 부서져서 덩어리를 이루지 못한다. 당연한 일이다. 만유인력은 당기고 암흑에너지는 밀어낸다. 즉 음과 양이다.

양 에너지는 공간을 계속 팽창시키고 있다. 팽창은 양의 기본 성질이다. 음의 성질과는 반대인 것이다. 우리의 우주 공간에 양의 힘이 존재하기 때문에 공간은 계속 팽창할 수밖에 없다. 세상은 점점 넓어지고 있는 중이다. 우주가 현재 팽창한다는 것은 오래전에 이미 발견되었다. 그러나 그 이유는 몰랐다. 이제 그 이유를 알게 되었다. 공간에는 양이 있어서 팽창하고 있던 것이다. 음 때문에 물질이 축소되듯이 양 때문에 공간이 확장되는 것이다.

여기서는 이상할 것이 전혀 없다. 주역 원전에서는 이렇게 말하고 있다.

"주역에는 태극이 있고, 이것이 음양을 낳았다(易有太極 是生兩儀)."

만유인력과 암흑에너지가 어디서 왔느냐고 굳이 묻는다면 태극에서 왔다고 대답할 수 있다. 태극이 무엇인지는 논하지 말자. 지금은 양에 대해서만 집중하자. 주역에 태극이 있다는 것은 세상, 즉 음양이 태극으로부터 비롯되었다는 뜻이다.

그중 하나인 양, 즉 암흑에너지는 지금도 팽창을 계속하고 있다. 양의 본성을 충분히 발휘하고 있는 것이다. 암흑에너지는 만유인력과 함께 우주를 유지하고 있다. 우주에서 이것 둘을 빼놓으면 우주 자체가 존재할 수 없다. 즉 음양을 빼놓으면 우리는 아무것도 말할 수 있는 것이 없다. 음양은 세상의 전부다. 우주는 더도 아니고 덜도 아니고 음양일 뿐이다.

이제 우리는 자연을 직접 관찰함으로써 절대 원소인 음양을 발견했다. 하지만 관찰하지 않았을 때에도 음양은 존재했다. 만유인력과 암흑에너지를 보고 음과 양의 개념을 세운 것이 아니다. 음양의 개념은 저 스스로 존재하고 있을 뿐이다. 우리는 이제야 음양의 개념에 따른 우주를 직접 목격한 것이다.

원리가 있으면 실제도 있는 법이다. 원리가 먼저 있다. 실제는 원리에 의해 존재하지 않을 수 없기 때문에 있을 뿐이다. 우리는 자연의 모든 것에 대해 음양을 활용하여 그 궁극을 파헤칠 수 있다. 그동안 우주에 대해 고찰해 봤는데, 이는 음양의 원리를 자연스럽게 드러내기 위함이었다. 주역은 그 원리를 이미 1만 년 전부터 밝히고 있었다. 자연과학이 발달할수록 주역의 위력은 점차적으로 드러날 것이다.

하늘과
땅
사이

허공 이야기를 조금만 더 해보자. 허공은 곧 세상의 모든 곳이기 때문이다. 다시 묻는 것이지만 허공에는 무엇이 있는가? 별과 암흑에너지가 있다. 별은 서로 당기고 암흑에너지는 서로를 밀어낸다. 이 때문에 우주는 점점 팽창하고 있는 것이다. 별과 별 사이도 멀어지고 있다.

만약 별이 서로 가까이 있었다면 그들은 서로를 당겨서 하나로 합쳐졌을 것이다. 그러나 우주에는 밀어내는 힘이 있기 때문에 별들은 한곳으로 모이지 못한다.

공간이 팽창하는 것과 별들이 서로 당기는 현상은 정반대의 작용으로, 합산된 결과는 정확하게 알 수가 없다. 만약 허공의 팽창력이 별들의 인력을 이긴다면 우주는 영원히 팽창하고 말 것이다. 하지만 별들의 인력이 팽창력을 이긴다면 종내에는 모든 별이 한곳에 모여들 것이다. 소위 빅크런치(big crunch, 대붕괴 또는 대수축) 상태가 된다.

빅크런치는 빅뱅(big bang, 대폭발)의 반대 개념이다. 현재의 우주는 팽창력이 더 커서 빅크런치 상태가 되지 않고 계속 넓어지고 있다. 이로 인해 10만 년쯤 지나면 지구를 돌고 있는 달도 지금보다는 훨씬 멀어져 더 작게 보일 것이다. 미래의 인류는 보름날에도 지금보다 더 자그마한 달을 보게 되는 것이다. 아마 이로써 지구는 조금 더 쓸쓸해지지 않을까?

10만 년쯤 지나면 북두칠성도 모양이 바뀐다. 국자모양은 아예 사라질 것이다. 이뿐이 아니다. 세상이 점점 넓어지면서 별빛도 약해 보이고 우주는 더욱 차갑게 변해버릴 것이다. 더 먼 미래에는 세상 자체가 없어질 수도 있다. 하지만 그날은 우리가 상상하는 것 이상으로 먼 훗날이어서 미리 걱정할 필요는 없다. 그저 우리는 현재의 우주 상태를 확실히 알아두면 그만이다.

우주는 팽창한다. 그리고 그 안에 모든 것이 있다. 그런데 여기서 한 가지 유의해야 한다. 팽창은 공간에서만 이루어지는 것이 아니다. 시간에서도 이루어진다. 시간의 팽창이란 도대체 무엇일까? 결국은 시간이 빨리 흐른다는 것인데, 지금은 그것까지 논할 필요가 없다. 공간과 시간이 함께 팽창하는 중이라는 것만 알고 있으면 된다.

시간과 공간은 사실 하나다. 이는 아인슈타인에 의해 밝혀진 사실로, 시간이란 개념과 공간이란 개념은 둘이 아니다. 그래서 아인슈타인은 '시공(時空, time and space)'이라는 단어를 만들어 냈다. 시간과 공간은 따로 논할 수 없기 때문이다. 뉴턴이 살았던 당시만 해도 시간은 시간이고 공간은 공간이었다. 하지만 우주의 실체는 시공으로, 이를 둘로 떼어낼 수 없다. 그러니까 이제는 이렇게 말해야 한다.

"시공이 팽창하고 있다."

만물은 그 속에서 점점 외로워지고 있다. 이러한 우주의 실체를 우리는 어떻게 표현하는 것이 좋을까? 팽창이니 축소니를 계속 말해야 하는가? 세상을 좀 더 단순하게 표현하는 방법은 없을까? 있다. 그것이 바로 주역이다. 주역은 만물의 뜻을 밝혀 그것을 괘상으로 나타낸다.

이제 세상을 표현해 보자. 세상은 ䷋이다. 이는 천지부(天地否)라는 괘상인데, 하늘과 땅이 멀어지고 있다는 뜻이다. 옛사람은 세상이 만들어진 것을 천지개벽(天地開闢)이라고 표현했는데, 바로 천지부(䷋)라는 괘상을 말하고자 했던 것이다. 이 괘상을 잘 음미하면 세상의 뜻이 더욱 분명해진다. 천지개벽이란 하늘과 땅 사이라는 의미인데, 이것을 음양의 논리로 풀어보면 무한한 섭리가 들어 있다.

만물을 제대로 표현하게 되면 그 속에 깊은 개념을 함축시킬 수 있다. 주역에서는 이미 세상이란 무엇인가를 밝혀놓았다. 세상이란 무엇인가는 종교나 철학, 과학에서 가장 중요한 관심 대상이다. 하지만 이것을 가장 단순하게 표현한 것이 바로 천지부(☷)로, 이 괘상 속에 세상의 뜻이 다 표현되어 있다. 이 괘상을 자세히 음미하면 멀리 나가지 않아도 세상의 뜻을 분명히 알 수 있게 되는 것이다. 이것이 바로 주역 괘상의 효용이다.

모든
것의
시작점

우리가 사는 우주는 지금도 팽창하고 있지만, 처음에는 한 점에서 시작되었다. 우주가 탄생한 지 1초쯤 지났을 때 우주의 크기는 1센티미터 정도였다. 이 1센티미터에 오늘날 하늘에 있는 수천억 개의 은하, 그리고 은하 내 수천억 개의 별들이 모여 있었던 것이다. 이것이 터져 나와 하늘로 계속 퍼져 나갔다. 소위 빅뱅이라고 하는 것인데, 과학자들은 137억 년 전에 빅뱅이 시작된 것으로 추산한다. 그 이전에는 시간도 공간도 없었다. 138억 년 전이란 과거는 없는 것이다. 우리에게는 137억 년 전 과거만 존재한다.

빅뱅은 도대체 무엇일까? 스티븐 호킹 박사는 우주는 무(無)의 요동에 의해 생겨났다고 주장했는데, 이는 베르너 하이젠베르크의 불확정성 원리(Uncertainty Principle)를 적용한 결과였다.

빅뱅은 얼핏 생각하기에는 별들이 눈덩이처럼 뭉쳐 있는 형상 같다. 하지만 별들은 한참 후에 생긴 것이다. 이는 팽창하는 곳곳이 또 팽창했다는 뜻이 된다. 지금도 우주는 각각의 장소에서 팽창하고 있다. 팽창의 원점이 따로 없다는 뜻이다. 시공의 모든 지점에서 팽창이 이루어지고 있을 뿐이다. 이유는 나중에 따지자. 이런 상황을 어떻게 표현해야 하는지가 우선이다.

빅뱅을 주역의 괘상으로 표현하면 바로 지천태(地天泰, ䷊)다. 이 괘상은 시작의 힘이라는 뜻이 있다. 요즘 컴퓨터에 흔히 쓰이는 초기화(初期化, initialization)된 상태를 말한다. 즉 빅뱅 상태는 우주의 초기화다.

물론 그전 상태가 존재했기에 초기화라는 말이 성립된다. 하지만 빅뱅 이전은 잠시 덮어두자. 지금 당장은 무엇인가로부터 초기화된 것이 빅뱅이라고 알면 된다. 초기화 이후부터는 바로 초기로, 이 초기는 하나의 개념이다. 대자연의 모든 사물은 초기 상태가 있다. 시작점이 있다는 뜻이다. 우주 전체에도 하나의 시작점이 있었고, 우주가 만들어지고 나서도 모든 곳에 시작점이 있다.

우리 인생도 시작점이 있다. 불교에서는 이를 태어나기 전에서 지금으로 초기화되었다고 설명한다. 즉 전생이다. 하지만 이런 것까지 여기서 논의할 필요는 없다. 단지 만물은 시작점이 있다는 것만 알면 된다. 끝나고 나면 또 다른 시작점이 발생한다. 이를 두고 '태엽을 감았다'고 표현하기도 하는데, 우리 인생 역시 계속 늙어갈 뿐 태엽을 감을 수가 없다. 그러나 인생에서 각각의 사건은 얼마든지 새로 시작할 수 있다. 새로 시작하는 그 무엇을 주역에서는 지천태로 표현하는 것이다.

지천태 괘상의 모습을 살펴보자. ䷊로, 위에 음(☷)이 있고 아래에 양(☰)이 있다. 원래 양은 위에 있고 음은 아래에 있다. 양의 뜻이 바로 위라는 것이고 음의 뜻이 바로 아래라는 것이다. 그런데 지천태는 음양이 서로 자리를 바꾸어 존재한다. 양이 애써 내려와 있고, 음이 애써 올라가 있다. 이를 두고 태엽을 감았다거나 교차했다거나 여러 가지로 표현할 수는 있다. 하지만 일단 그런 상태에만 초점을 맞추자.

그 상태가 바로 지천태인데, 이 괘상은 음양이 서로 교차(자리 바꿈)되었기 때문에 상당한 힘이 비축되어 있다. 이 힘이 바로 시작의 힘이다. 온 세상의 모든 시작은 힘이 있어야 출발할 수 있는 법인데, 그것이 바로 지천태에 내장된 힘이다.

여기서 힘이란 물리학에 있어서는 에너지고, 사회에서 있어서는 자본이고, 연애에 있어서는 열정이고, 인생에 있어서는 젊음이고, 신체에 있어서는 건강일 것이다. 시작할 수 있는 힘은 그 무엇이든 간에 지천태 상태라고 말한다. 신선이 수련하는 것도 몸이 지천태 상태로 되돌아가는 것(초기화)을 목표로 삼고 있다.

지천태 상태가 장차 어떤 상태로 변해갈지는 상황에 따라 달라질 수 있지만 모든 시작이 지천태라는 것은 흔들릴 수 없는 조건이다. 우리 인생에도 이런 순간이 많이 있을 것이다. 이때는 경건한 마음으로 임해야 한다. 왜냐하면 앞에서도 말한 것처럼 미래는 알 수 없기 때문이다.

단지 출발의 힘은 강해야 할 것이다. 지천태는 그 강함을 상징한다. 지천태가 갖는 내면의 섭리는 주역에서 가장 먼저 이해해야 하는 개념이다. 음양이 어떻게 작용하는지를 보여주기 때문이다. 이 문제는 뒤에 가서 철저히 고찰해 볼 것이다.

지금은 괘상을 배워가는 중이므로, 반드시 '대충' 이해해야 한다. 주역 공부는 그렇게 하는 것이다. 급히 달려들다 보면 논리의 바다에 표류할 수 있다. 주역의 괘상은 본시 '종합(綜合, synthesis)'을 뜻하는 것이기 때문에 내면을 먼저 살피지 않는 법이다.

사물의 뜻은 다른 사물과 비교함으로써 분명해진다. 남과 비교하는 것이 우선이다. 자기 자신이 무엇인지는 비교를 하면 저절로 밝혀지게 된다. 만일 자기 자신을 알았다 해도 다른 사물과 비교되지 않으면 그것은 아무런 의미가 없다. 정보에 대하여 클로드 섀넌이 말한 내용이 바로 이것이다. 이른바 정보에 뜻이 없다는 말이다. 정보가 고유의 뜻을 가지려면 비교가 이루어져야 가능하다.

지천태는 천지부(☰)에 비교되는 괘상이다. 지천태를 이해하기 위해서는 천지부와 비교하여 뜻이 어째서 바뀌었는지를 음미해 보면 된다. 지천태, 즉 시작의 힘은 신성한 것이다. 우주 대자연의 현상은 모두 이곳에서 나오기 때문이다.

그리고 우리가 지천태의 뜻을 제대로 알았다면 우리의 모든 것이 그렇게 될 수 있도록 노력해야 할 것이다. 이것이 바로 인생의 수련이다.

영혼과
몸

넓은 세상 이야기는 잠시 쉬고 가까운 우리 주변에 대해 생각해 보자. 옛사람은 이렇게 말했다.

"사람이 죽으면 몸은 흙으로 돌아가고 영혼은 하늘로 올라간다."

이 말은 동서고금을 통해 거의 모든 사람이 인정하고 있다. 여기서 '몸은 흙으로 돌아간다'는 대목을 보자. 흙이란 무엇인가? 멀리서 크게 보면 별이고, 가까이 보면 땅이다.

땅, 이것은 무엇인가? 과학자들은 땅을 물질(物質, matter)이라고 말한다. 그러나 물질이 무엇인지를 명확히 설명하는 사람은 없다. 그저 눈에 보이고 만질 수 있고 무게를 잴 수 있는 그 어떤 것이 물질이라고 생각할 뿐이다. 뉴턴식으로 말하면 '서로 잡아당기는 존재'인데, 더 깊은 개념으로 이야기하면 음이라고 할 수 있다. 물질이 음이다. 음은 무게가 있고, 만질 수 있고, 부피가 있고, 서로 잡아당기고, 딱딱하고, 땅을 이루고 있는 존재다. 우리의 몸은 어떤가? 이것도 물질, 즉 음이다.

우리의 영혼이란 무엇인가? 이것은 물질이 아니다. 즉 음이 아니다. 음이 아니면 무엇일까? 양이다. 음이 아니면 양이고, 양이 아니면 음이다. 세상은 복잡하지 않다.

사람이 죽으면 몸과 영혼이 분리되기 때문에 각자 갈 길을 갈 수밖에 없다. 이때 음인 몸은 땅이 잡아당겨 흙이 된다. 몸의 일부는 공기가 되는데, 공기도 우주 전체에서 보면 땅이다. 물질이고, 음이다. 우리의 몸은 아무리 깊게 말하고 돌려 말해도 물질이고, 땅이고, 흙이고, 음이다. 옛사람이 말한 것도 이런 의미다.

영혼은 하늘로 올라간다. 이는 무슨 뜻일까? 영혼은 물질이 아닌 양이다. 그래서 땅이 그것을 잡아끌 수가 없다. 영혼은 땅으로부터 완전히 자유롭다. 하늘 높게 올라가는 것이 전혀 힘들지 않다. 영혼은 확산하는 성질이 있어 저 멀리 날아갈 수가 있다. 양이란 원래 달아나는 존재다. 양의 속성을 가진 존재는 다 그렇다.

영혼은 양 그 자체이기 때문에 훨씬 더 활발하고 쉽게 날아다닌다. 영혼은 멀리멀리 끝없이 어디론가 가버리는 존재다. 그 종점은 어디인가? 이것은 지금 구체적으로 말할 수 없다. 그저 하늘로 간다고 해두자. 하늘은 양이 무한히 모여 있다는 뜻이다. 양은 음과는 달리 멀리멀리 가버린다.

몸과 영혼은 단순히 말하면 이뿐이다. 음과 양, 혹은 땅과 하늘이다. 이로써 우리는 영혼과 몸에 대해 어느 정도 말할 수 있게 되었다. 세상엔 음양 외에는 그 무엇도 없기 때문에 무엇인가를 알고자 할 때 최우선적으로 음양의 개념으로 시작하면 된다. 죽음이란 영혼과 육체가 분리되는 것, 즉 양과 음이 분리되는 것으로 주역의 괘상으로 표현하면 천지부(䷋)가 된다. 괘상 천지부는 멀리 광활한 우주에 적용할 수도 있고, 가까이 우리 인생에 적용할 수도 있다.

여기서 질문을 던져보자. 삶이란 무엇인가? 이는 쉽게 답할 수 있다. 우리는 이미 음양을 알고 있기 때문이다. 죽음이 영혼과 육체의 분리라면 삶이란 영혼과 육체의 결합이 아니고 무엇이랴. 인생이 무엇이냐를 두고 종교적, 철학적, 과학적으로 길게 논할 필요도 없다. 인생이란 삶이라는 것인데, 이는 영혼과 육체가 결합되어 활동하고 있다는 뜻이다.

무슨 활동을 하느냐? 그것은 말하지 말자. 저마다 다를 테니까. 하지만 모든 인간의 삶에는 공통점이 있다. 그것은 영혼과 육체가 결합되어 활동하는 존재라는 것이다. 우리는 이제 삶의 뜻을 단순하게 정의했다. 물론 '단순하게'라고 말했지만 심오한 내용을 다 이야기한 것이다. 삶의 뜻은 앞으로 더 깊게 논의하게 될 것이다.

　지금은 일단 죽음만을 이야기하자. 죽음은 천지부(☷☰)로, 종말을 의미한다. 우리의 삶뿐만 아니라 모든 사물이 종말에 가면 천지부 상태가 된다. 부부도 함께 살다가 헤어지면 천지부가 된다. 친구도 마찬가지다. 우리 주변을 보면 ☷☰가 아주 많다. 우리는 우주에 사는 것이 아니라 ☷☰ 안에서 살고 있다고 이해해도 된다. 단순히 우주라고 말하지 않고 구체적으로 뜻을 부여하여 ☷☰라고 말하면 우리는 삶을 더욱 충실하게 만들 수 있다. 종래에 가면 ☷☰가 되지만 그동안은 ☷☰가 되지 않도록 노력하면 되는 것이다.

　사랑도 ☷☰가 되지 않도록 가꾸어가야 한다. 사업도 이와 다르지 않다. '망했다'는 말은 ☷☰가 되었다는 것과 완전히 같은 뜻이다. 사람이 무슨 일을 하는 데 있어 정성이 없다든지 혼이 깃들어 있지 않다고 하는 것은 바로 ☷☰를 말하는 것이다. 사랑에 있어서도 열정이 식은 상태가 바로 ☷☰이다. ☷☰ 괘상의 더 깊은 뜻은 차차 깨달아가게 될 것이다. 여기서는 해당되는 예를 살핌으로써 감을 잡는 정도면 된다.

영혼과 몸은 실재하는 것이지만 이것을 개념으로 사용하면 활용가치가 무한히 넓어진다. 군인의 사기, 젊음의 기상이라고 말하는 것은 ䷁가 아닌 상태를 말하는데, 세상의 모든 일은 음양이 분리되지 않은 상태에서 이루어지는 법이다. 사람이 노래를 할 때나 박수를 칠 때도 영혼과 육체가 따로 떨어져 있으면 재미가 없다. 죽음은 인생 어디에든 깔려 있는 것이다. 우리는 ䷁ 속에 살면서 ䷁가 되지 않도록 애쓰는 존재다. 영혼과 육체를 단단히 붙들어 매려 노력해야 할 것이다.

삶과
죽음

인간이 죽으면 영혼과 육체가 분리되어 각각 자기 본향으로 돌아간다. 양인 영혼은 하늘로 돌아가는데, 하늘은 우주 저 끝보다 더 넓은 곳이다. 그러나 거기까지 가는 데 시간은 걸리지 않는다. 영혼은 물질이 아니기 때문에 속도는 무한대에 이를 수 있다. 몸의 경우는 음이고 흙이 본향인데, 이는 관찰을 통해서도 땅으로 회귀하는 것을 입증할 수 있다. 이것이 죽음이다.

그렇다면 삶을 이해하는 것은 그리 어렵지 않다. 삶이란 영혼과 육체가 접속한 그 자체를 말하는 것이 아닌가. 주역의 괘상으로는 ䷊로 표현되는데, 이를 지천태(地天泰)라고 부른다. 삶인 ䷊ 괘상은 죽음인 ䷋ 괘상과 정확히 반대다. 이 괘상들을 해석하는 방법은 앞으로 계속 나올 것이다. 지금은 죽음과 삶이 반대의 개념임을 확실히 이해해야 한다.

각 개념의 구체적인 구조를 보자. 먼저 죽음이란 것을 보면 ☳로 되어 있는데, 이는 양인 ☰이 위에 있고 음인 ☷이 아래에 있다. 이것은 무슨 뜻일까? 주역의 괘상은 모두 상하로 배치되어 있기 때문에 그것을 해석하는 원리를 발견해야 한다. 이는 아주 단순하기 때문에 금방 다 깨달을 수가 있다.

괘상 ☳에서 위는 양이다. 양이란 무엇인가? 아직 이것의 뜻에 깊게 들어갈 수는 없으나 그 속성의 일부는 이해할 수 있다. 양이란 위로, 밖으로, 멀리 달아나는 존재다. 확산이라고 해도 좋다. 양이란 그것을 붙들어 매어놓지 않는 한 그저 달아날 뿐이다. 양이 바로 그런 존재다.

괘상 ☳는 마침 양이 위에 있어서 달아나기 쉽다. ☰ 이것 위에 막아서는 게 아무것도 없지 않은가. 양이란 본시 위로 향하는 성질이 있는데, 이는 몸이 가로막을 때만 정지한다. 인간이 죽으면 몸이 영혼을 잡을 기력이 없어진다. 그래서 영혼은 술술 빠져나가 버리는 것이다. 괘상 ☳는 이것을 표현해 주고 있다. 위로 향하려는 양이 위에 있으니 오죽 잘 도망가겠는가.

새가 지하실에 있지 않고 옥상에 있는 격이다. 지붕 없는 건물 위에 새가 있다는 그 자체가 이미 땅으로부터의 이탈을 보여준다. 화가 난 남편이 문 입구에 가 있는 것과도 같다. 반면 ䷖ 괘상의 아래에 있는 ☷은 음으로서, 아래에 있으니 계속 밑으로 떨어질 뿐이다. 그래서 ䷖를 죽음으로 표현한다.

반대로 삶을 보자. 괘상 ䷏는 영혼, 즉 양이 아래에 있는데 이는 위에 뚜껑이 있는 형상이다. 뚜껑이란 물론 몸을 말한다. 삶의 모습인 ䷏는 영혼이 몸에 깃들어 있고 몸이 영혼의 힘에 의해 떠올라 있는 것을 의미한다. 병약한 노인이 "몸이 천근만근이네"라고 말하는 것을 들어봤을 것이다. 이는 영혼의 일부가 몸을 떠나 있어 몸이 무겁게 느껴지는 것이다. 반면 젊은 사람들이 몸이 가볍다고 말하는 것은 영혼이 몸의 내부에 자리 잡고 있다는 뜻이다. 날아갈 것 같다는 표현도 같은 의미다.

괘상 ䷚는 휴대전화에 전기가 충전되어 있는 모습이다. 은행에 돈이 저축되어 있는 모습도 바로 이것이다. 우리의 우주는 현재 팽창하고 있는데, 이는 우주의 내면에 아직 양의 기운, 즉 ☰이 남아 있기 때문이다. 먼 미래에 ☰의 기운이 다 달아나버리면 우주는 ䷁의 상태가 된다. 그러나 현재의 우주는 ䷚와 ䷏의 중간 상태인 것 같다. 먼 우주는 이미 달아나버렸다. 그러나 가까운 곳에서는 확장이 계속되고 있는 중이다. 여기서 유의할 것이 있다. 우리의 우주는 현재 팽창 중이어서 아직 활력이 남아 있지만 다른 우주는 양의 기운이 다 달아나서 완전히 ☷가 되어 있을 것이다.

우리는 현재 살아 있다. 사람마다 나이마다 차이는 있겠지만 아직 살아 있는 것은 ☳의 상태라는 뜻이다. 이혼을 앞둔 부부가 아직 온정이 남아 있으면 ☳의 상태이며 ☰의 기운을 잘 살려내면 재결합이 가능하다.

문제는 양이 위에 있느냐 아래에 있느냐다. 기운은 아래에 충만해야 좋은 것이다. 인생에 있어 허리 아래에 기운이 없어지면 이는 죽음 쪽으로 기울어가고 있다는 뜻이다. 얼굴이 뜨거우면 이것도 ☷에 해당되는데, 생명력이 약해지고 있다는 뜻이다. 사회도 젊은 사람이 많고 그들이 힘이 넘치면 이는 ☳로 표현된다. 즉 희망이 있는 사회다.

삶이란 ☳라는 것을 충분히 이해했을 것이다. 은행에 저축해 둔 돈이 다 날아가면 ☷이다. 도박꾼들이 돈을 다 잃고 나서 하는 말 중에 '새가 되었다'는 표현이 있다. 바로 ☷이다. 우리 우주는 빅뱅의 초기에는 ☷였다. 인생도 어린 날에는 ☳이다. 사랑도 열정이 넘칠 때는 ☳로 표현한다. 앞으로 ☳와 ☷에 대해 더욱 철저히 연구하게 될 것이다.

여기서는 양이 깊숙이 있고 음이 높게 가 있으면 삶이고, 음이 바닥으로 떨어지고 양이 위로 날아가고 있으면 죽음이라는 것을 놓쳐서는 안 된다. 삶과 죽음은 인간에게만 있는 것이 아니다. 모든 사물에 삶과 죽음이 있다. 우리는 그 뜻을 확실히 해두어야 한다.

위대한
힘

다시 우주 초기로 돌아가 보자. 빅뱅이 시작되면서 우주 전체를 움직이는 힘이 분출되었다. 이 힘은 137억 년 동안 우주의 모든 작용을 일으키고 있으며 앞으로도 영구할 것이다. 여기서 잠깐 생각해 보자. 우리 인간에게는 영혼이란 것이 있는데, 영혼은 우주 본연의 기운과 어떤 연관이 있을까?

영혼 또는 영혼의 힘은 양(陽)이라는 것을 앞에서 이야기했다. 우주의 초기 상태는 주역의 괘상으로 지천태(地天泰, ䷊)로 표현되며 이 괘상은 양이 내재되어 있는 것을 보여준다. 양이란 내제되어 있을 때만 힘을 발휘한다. 대자연의 현상이 계속되고 있는 것은 그 내면에 양이 존재한다는 뜻이다.

이와 마찬가지로 사람의 경우에도 영혼이 몸의 내면에 자리 잡고 있어 우리의 뇌에 계속해서 활력을 준다. 영혼은 양으로, 뇌에서 빠져나가면(죽음) 힘을 발휘할 수가 없다. 겉에서 보기에 우리 몸은 자체의 힘에 의해 존재하는 것 같지만 실은 영혼의 힘에 대단히 많이 의존하고 있다. 이는 우리 몸에서 영혼이 빠져나가면 뇌는 허수아비 같은 존재가 된다는 뜻이다.

모든 생명체의 내면에는 영혼의 기운이 존재하고 있다. 우리 인간은 동물에 비해 영혼의 힘이 특히 강하다. 그래서 만물의 영장이라고 하는 것이다. 이 영혼의 기운은 사람마다 큰 차이가 있다. 어떤 사람은 유난히 영혼의 힘이 강할 수 있다는 의미다.

영혼의 힘, 이는 분명 뇌의 힘은 아니다. 뇌는 물질이기 때문이다. 영혼의 힘은 ☰에서 비롯된 것으로, 우주 내면에 가득 찬 힘과 완전히 같다. 우리의 영혼은 당초 우주의 근원에 뿌리를 내리고 있는 존재다. 비유하자면 영혼은 샘이고 우주의 근원에 있는 양의 힘이다.

몸은 스스로의 기능에 의해서도 유지될 수 있지만 영혼을 통한 우주의 원천과 연결되어 있지 않으면 자유롭게 활동할 수가 없다. 또한 영혼의 힘이 강해야만 뇌는 강한 생명력을 유지할 수 있다.

영혼의 힘이 강하다는 것은 무슨 뜻일까? 예를 들어서 살펴보자. 어떤 사람이 있다. 유난히 생명력이 있는 사람, 또는 맥이 빠져 있는 사람도 있다. 영혼의 힘은 겉으로는 생명력으로밖에 표현할 방법이 없다.

영웅을 생각해 보자. 보통 사람과 무엇인가 다른 느낌이 들지 않는가? 이들에게서 느껴지는 힘이 바로 영혼의 힘이다. 이 힘은 육체의 힘과는 완전히 다른 개념이다. 육체의 힘으로 따지면 항우라든지 장비, 여포 등의 천하장사가 떠오르지만 이들이 공자보다 힘이 있다고 느껴지지는 않는다.

공자 같은 성인은 영혼의 힘이 무한대겠지만 성인까지는 아니더라도 계백 장군이나 강감찬 장군, 연개소문, 징기스칸 등도 남다른 기상이 느껴진다. 이 기상이 바로 육체의 힘이 아닌 영혼의 힘이다. 대체로 어떤 분야든지 뛰어난 사람은 남다른 영혼의 소유자다. 아인슈타인이나 뉴턴 같은 과학자도 영혼의 힘이 강하고 히틀러나 스탈린 같은 독재자도 보통 사람과 확실히 다른 무엇이 있다.

영혼의 힘은 몸 밖으로 분출될 때 여러 가지 작용을 일으킨다. 그리고 그 작용은 강력하다. 흔히 정신력이라고 하는 것이 바로 영혼의 힘이다. 이러한 힘은 육체적 기술을 넘어서 위력을 발휘한다. 영혼의 위력은 모든 영역에서 발휘되는데, 베토벤이나 모차르트, 피카소 등 예술가도 그 영혼의 위력이 실로 대단하다.

옛 성인은 이 힘을 호연지기(浩然之氣)라고 말하며, 이 기운은 우주에 가득 찬 것이라고 밝히고 있다. 대자연의 안에는 원래부터 양의 기운이 가득 차 있었다. 이 기운은 어디서 온 것이 아니고 스스로 존재하는 것이다. 양의 기운에는 어떤 이유도 필요하지 않다. 양이기 때문이다. 그렇기에 우주 대자연은 양이 있은 연후에 존재하는 것이 된다. 자연에 가득 찬 양의 기운은 본시 무한한 것이기 때문에 써도 써도 다함이 없는 존재다.

우리의 영혼은 이 기운과 맞닿아 있다. 그러니까 이렇게 된다.

하늘의 기운 → 영혼 → 뇌 → 육체 → 사회

우리의 영혼은 근원인 하늘의 기운(그냥 하늘)과 물질인 뇌를 매개하는 존재다. 따라서 영혼의 힘이 강하면 그 작용이 많아질 수밖에 없다. 위대한 사람은 영혼의 힘이 강하기 때문에 그토록 성취하는 것이 많았던 것이다. 어디 그뿐이랴. 영혼의 기운이 많으면 운마저 좋게 한다. 양의 기운으로 성취하지 못할 바가 없는 것이다.

우리 인체에 있어 양의 기운, 즉 영혼의 기운은 거대한 일부터 아주 사소한 일에도 그 작용을 나타낸다. 영혼의 힘이 강하면 운도 좋아지고 성취하는 바도 많지만 남에게 큰 존경을 받기도 한다. 사랑도 마찬가지다. 영혼의 힘은 강하면 아름답다. 그리하여 위대한 기운이 밖으로 표출되는데, 이는 광채와도 같은 것이다. 이 광채는 매력을 일으키기 때문에 당연히 남의 사랑을 받을 수 있게 된다.

영혼의 힘은 위기의 순간에도 나타나는데, 우리가 극한 상황을 맞이했을 때는 이 힘이 가히 절대적으로 작용한다. 죽음에 이를 수도 있는 순간 의식을 차리고 있으면 삶으로 되돌아오는 경우가 허다한데 이때의 의식이 바로 영혼 그 자체다.

그렇다면 영혼의 힘은 주역에서 어떻게 표현하는가? 이미 알고 있겠지만 이는 건위천(乾爲天, ䷀)으로 나타낸다. ☰이 중첩되어 ䷀이 된 것은 양의 기운이 극한으로 충만함을 나타낸다. ䷀의 기운은 우주 대자연을 유지하는 힘이거니와 우리의 영혼도 이 힘의 방향을 벗어날 수 없다.

그런 까닭에 우리의 인생은 이 힘을 기르는 것을 최우선 목표로 삼아야 한다. 영혼의 힘은 단지 육체가 살아 있을 때만 필요한 존재가 아니다. 영혼은 생사를 초월한 존재로, 그 힘은 육체의 죽음 이후에도 여전히 필요하다. 더 깊게 들어가면 종교 문제가 되기 때문에 삶에 대해서만 집중하자. 요점은 하늘의 기운이 인생에 있어서 그 무엇보다도 중요하다는 것이다. 수도인이든 생활인이든 영웅이든 평범한 사람이든 모든 사람은 하늘의 기운을 한없이 키워가며 살아야 한다.

공자는 주역의 건위천(☰)을 설명하면서 이렇게 말했다.

"하늘의 운행은 건실하니, 군자는 이를 본받아 스스로를 강하게 하는 일을 멈추지 않는다(天行健 , 君子以自强不息)."

우리 삶의 목표도 이처럼 명확하게 정해야 한다. 인생이란 식물처럼 그저 존재만 하는 것이 아니라 그 작용이 있어야 한다. 이 때문에 하늘의 기운, 즉 영혼의 힘을 키워야 하는 것이다. 영혼의 힘을 계속 키워 나가다 보면 마침내 하늘과 관통(貫通)하게 되는데, 이때에 이르면 인생에 있어 그 성취하는 바도 끝이 없을 것이다.

문제는 영혼의 기운을 어떻게 키우느냐 하는 것이다. 결론부터 말하면 2가지 방법이 있다. 두 방법은 상호 보완적 관계를 이루는 것으로 모두 알아두어야 한다. 첫 번째는 양을 기르는 것이다. 하지만 양이란 저 스스로 움직이는 존재일 뿐이지 다른 원인에 의해 발현되는 것이 절대 아니다. 스스로 그렇게 하는 것이 양이라는 뜻이다. 그래서 공자도 주역의 괘상을 설명하면서 자강(自强)이라고 말했다. 스스로 강해져야 한다는 것, 이것은 유일하게 양을 기르는 방법이다. 그저 힘을 내라. 이유 없이 명랑해야 하며, 무서워도 용기를 내야 한다. 무서운 밤길도 혼자 걸어보고, 귀신 나오는 무덤가에 누워도 봐야 한다. 부끄러워도 나서

봐야 하고, 쉬고 싶어도 일부러 일어나야 하며, 귀찮아도 앞장서야 하고, 미운 놈도 사랑해 줘야 한다. 양이란 선행(先行)하는 것이지 이유를 기다리지 않는 법이다. 스스로 애써 행하다 보면 영혼이 활발해지며 급기야는 우주의 근원과 관통하게 된다. 좋아하는 것만 하는 사람은 점점 양의 기운이 약해질 것이다. 누가 방해하지도 않는데 어째서 스스로 못 일어나는가. 자기 자신이 원수일 뿐이다. 내 자신이 나를 막아서고 있으니 어찌 원수가 아니겠는가. 인생에서 재미있는 것만 재미있어 하면 마침내 재미는 사라질 것이다. 점점 우울해지며 영혼은 시들해진다. 이래서는 살아가는 보람도 없는 것이니 죽을힘을 다해 일어서라. 아니 그냥 일어서면 된다. 안 된다는 이유를 달지 말고 하면 다 되게 되어 있는 법이다.

그러면 두 번째 방법을 살펴보자.

괘상의 흐름을 보면 맨 아래에 양이 있다가 위로 점점 올라가다가 ䷗에 이르러 양이 완전히 빠져나간다. 여기서 우리가 배울 점은 무엇인가? 양이란 위로 빠져나가는 존재니 그것을 가둬놔야 한다는 것이다. 양의 기운을 아래쪽에 가둬놓는 것, 이것이 바로 양의 기운을 기르는 것이 아니고 무엇이랴.

양의 기운은 가둬놓으면 스스로 성장한다. 진득한 사람은 기운이 쌓여 나가고 촐랑대는 사람은 기운이 소진되는 법이다. 인내심, 겸손, 침묵, 평화, 안정, 용서, 양보, 절제, 예의, 긍정 등은 양의 기운을 가둬놓는 성질이 있다.

속으로는 기운을 기르며 그것을 공연히 낭비하지 않는 것을 일컬어 주역의 '건위천(☰)괘 초효(初爻)'에서는 "잠룡물용(潛龍勿用)"이라고 가르치고 있다. 물 속의 용은 때가 될 때까지 쓰지 않는다는 의미로, 기운이란 어느 정도 쌓였을 때 조심스럽게 사용해야 하는 것이다. 위대한 힘이란 바로 하늘의 힘, 즉 영혼의 힘이다. 이것을 무엇에 쓸 것인가는 생각할 필요가 없다. 양이란 저 스스로 운명을 개척해 나가는 존재니 열심히 영혼의 기운을 길러나가야 할 뿐이다. 온 우주에 이보다 더 가치 있는 일은 결단코 없다.

2

깊은
주역 공부를 위한
기초

주역의
시작

주역은 언제 만들어졌을까? 문헌에 등장하는 내용을 간추려 보면 주역은 5000년 전쯤 만들어진 것 같다. 한편 『환단고기(桓檀古記)』에서는 주역이 9000년 전 복희씨(伏羲氏)에 의해 만들어졌다고 주장한다. 복희씨는 중국 신화에 등장하는 존재로 사람의 머리에 뱀의 몸(人頭蛇身)을 가지고 있는데, 이 복희씨가 주역을 하늘에서 가지고 내려왔다는 것이다.

주역이 땅에서 만들어졌든 하늘에서 가지고 내려왔든 아주 오래전에 출현한 것은 사실인 것 같다. 공자가 꿈에도 그리워하면서 존경해 마지않았던 문왕과 주공은 공자가 태어나기 1000년 전 인물이다. 그 문왕이 구체적으로 주역을 연구한 기록

이 있고, 그가 쓴 글도 내려온다. 주공도 마찬가지다.

주역 또는 주역 원전에는 적어도 3명 이상의 성인(聖人)이 관여한 것으로 보인다. 문왕과 주공, 공자다. 이들 성인이 태어나기 전에 괘상이 존재했고 괘상의 이름도 이미 존재했다고 하는데, 이는 장구한 세월 동안 주역이 만들어졌다는 의미로 보는 게 옳을 것이다.

물론 주역의 괘상은 먼 옛날 어느 시점에 만들어졌을 것이다. 괘상들에 대한 설명이 그 후 차근차근 쌓여왔다는 의미다. 그런데 주역의 핵심은 괘상 그 자체로, 괘상에 대한 설명이 후에 붙여진 것이다. 따라서 우리가 지금 알아야 하는 것은 괘상이지, 괘상에 대한 설명이 아니다. 괘상에 대한 설명은 언제 어느 때나 누구나 붙일 수 있다. 괘상이란 것이 존재하지 않았다면 해설이고 뭐고 없었을 것 아닌가.

괘상에는 무한한 뜻이 함축되어 있다. 따라서 그에 대한 해석을 아무리 길게 해도 괘상의 일부밖에 설명할 수 없다. 주역의 괘상은 원래 그런 존재다. 무한한 뜻을 함유하고 있는 절대 개념. 예부터 이 개념을 깨닫기 위해 성인들이 매달렸던 것이다.

그럼 괘상의 출현에 대해 조금 더 살펴보자. 괘상이 하늘에서 내려왔다거나 누가 만들었다거나를 따지자는 것이 아니다. 하늘이라고 하면 우주 공간일 뿐이다. 허공에서 주역의 괘상이 떨어졌을 리는 만무하다. 그렇다면 저 별나라에서 왔단 말인가?

복희씨도 신화에 등장하는 인물일 뿐이다. 우리는 괘상이 등장한 시기를 알고 싶은 것이지 신화를 만들고 싶은 것이 아니다.

그럼 괘상의 출현 시기를 자세히 살펴보자. 주역 원전에 이런 말이 나온다.

"멀고 먼 옛날에는 글자가 없었는데, 후에 성인이 나와 주역의 괘상 택천쾌(澤天夬, ䷪)를 보고 문자를 만들었다(上古 結繩而治 後世聖人 易之而書契 百官以治 萬民以察 蓋取諸夬)."

무슨 뜻일까? 간단한 이야기로, 주역의 괘상은 인류가 아직 글자라는 것을 만들어 사용하기 전에 출현했다는 뜻이다. 글자가 만들어지기 전에 괘상이 먼저 있었던 것이다. 글자는 괘상을 보고 만든 것이니, 글자가 출현하기 전에 글자의 원리가 담긴 괘상이 있었다는 뜻이다.

주역 원전에 또 이런 말이 나온다.

"먼 옛날 우리의 조상들은 동굴 속이나 벌판에서 살았는데 후에 성인이 나와 주역의 괘상 뇌천대장(雷天大壯, ䷡)을 보고 집을 만들었다(上古 穴居而野處 後世聖人 易之以宮室 上棟下宇 以待風雨 蓋取諸大壯)."

이는 무슨 뜻인가? 주역의 괘상은 집이라는 것이 없었을 때에 출현했다는 것이다. 즉 주역의 괘상은 집도 없고 문자도 없던 멀고 먼 시절에 출현했다. 글도 없고 집도 없던 때는 언제인가? 아주 먼 옛날이다. 5000년이나 1만 년 전이 아니다. 수십만 년 전이다. 우리 조상들이 동굴 속에 살았고 글도 없었던 시절이다. 그때는 문자조차 제대로 없었고 동굴이나 숲속에서 짐승처럼 살았다. 그런 시절에 주역의 괘상이 출현했다.

'주역의 괘상은 매우 오래 전에 출현했다.'

이는 무슨 뜻을 함유하고 있는가? 사람이 일부러 만들지 않았다는 의미다. 멀고 먼 옛날, 집도 없고 글자도 없었던 시절에 주역이 왜 필요했을까? 그 당시는 선사시대였고 험난한 시대여서 사는 것이 힘들고 바빴다. 주역 같은 게 중요할 이유가 없었을 것이다.

혹자는 말한다. 하늘이 인간에게 집과 문자 만드는 법을 깨닫게 하려고 괘상을 내려주었다는 것이다. 또 하늘이 등장한다. 하늘이 무엇인지는 모르겠으나 그토록 집과 글자를 만들어주고 싶었다면 직접 만들고 보여주면 그만이다. 어렵게 몇만 년이나 더 지나서 성인이 출현한 후에야 깨닫게 될 괘상을 미리 보여줄 필요는 없었을 것이다. 만약 성인이 출현하지 않았다면 어떻게 할 뻔했는가. 또한 기껏 주역의 괘상을 만들어줬는데 어디론가 사라져 버렸다면 모든 것이 헛일 아닌가?

어렵게 생각할 필요는 없다. 괘상이 그토록 오래전에 만들어진 것이라면 이는 기획을 했거나 목표가 정조준된 것이 아니다. 즉 괘상은 우연히, 멀고 먼 옛날에 지상에 출현했다는 뜻이다. 괘상이 왜 출현했느냐, 누구에 의해 출현했느냐는 다른 문제다. 이 문제는 뒤에 가서 다시 논의할 것이다.

지금은 괘상이 아주 오래전, 집도 없고 글자도 없었던 시대에 우연히 출현했다는 것만 유의하자. 옛날 돌도끼를 사용하며 동굴에 살았던 우리 조상에게는 괘상이 필요하지 않았다. 그들은 괘상이 눈앞에 있어도 뜻도 모르고 생각도 하지 않았을 것이다. 그들에게는 당장 살아가는 일이 급했을 뿐이다.

주역의 괘상은 현대의 문명으로도 그 해석이 몹시 버겁기 때문에 석기시대 인류를 위해서 하늘이 내려보냈다는 것은 도무지 말이 되지 않는다. 좀 더 그럴듯한 해석을 찾아내야 한다. 그러나 지금 당장의 문제는 주역의 괘상이 도대체 무엇이냐이다. 괘상의 뜻을 알게 되면 그것이 어째서 먼 옛날 지상에 있게 되었는가도 알게 될 것이다.

괘상은 옛 성인이 우리에게 무엇인가를 가르치기 위해서 만들어낸 것이 아니라 오히려 성인이 무엇인가를 배웠던 것이다. 그리고 우리는 성인이 괘상을 통해 무엇을 배웠는지를 찾아야 한다.

음양은
어떻게
다른가?

음양은 주역의 기본이 되는 근원적 원소다. 이것으로써 우주 만물을 설명할 수 있으니 이 개념을 튼튼히 확실하게 알아두어야 할 것이다. 먼저 쉬운 우리 주변부터 이야기해 보자.

나는 10살 무렵 어렴풋이 여자의 존재를 알았다. 그 나이에 남녀의 육체적 차이는 몰랐지만 누나와 형들을 보면서 '여자는 약한 존재구나'를 처음으로 감지했던 것이다. 그 후 동네의 여자와 남자들을 보면서 남녀의 차이를 더 느꼈고, 사춘기 무렵에는 여자들이 남자와 달리 예쁜 것도 알았다.

하지만 가장 신기하게 느꼈던 것은 남녀의 마음 차이였다.

여자는 약하고 수동적이라는 것, 용기가 없다는 것, 부끄러움이 많다는 것, 마음이 잘 변한다는 것도 알았다. 더 세월이 흘러 나이가 들면서 남녀의 육체적 차이도 알았고, 여자의 마음이 점점 더 오묘하게 느껴졌다. 그리고 나는 주역을 공부하면서 여자를 음으로 부른다는 것도 알게 되었다. 물론 남자는 양이다.

음양의 개념에 접근하기 시작한 것은 이때부터였다. 게다가 음과 양, 이러한 성의 차이는 동물에게도 마찬가지라는 사실을 알게 되어 큰 충격을 받았다. 세상은 어째서 음과 양으로 구성되어 있는가? 꼭 음과 양이어야 하는가? 생각할수록 신비했다.

음양은 동물뿐 아니라 곤충, 물고기, 심지어는 세균에게도 있고, 나아가 식물에게도 있다는 것을 알게 되었다. 어찌 그뿐이랴! 물질도 음양으로 되어 있고 더 나아가 우주 허공도 음양으로 되어 있다는 것까지 차차 깨달아갔다. 세상은 음양으로 가득 차 있었던 것이다. 그러다 결국 우주 전체가 음양으로 되어 있다는 생각을 하기에 이르렀다.

음양에 대해 깨닫게 되자, 처음엔 온 세상에 음양이 너무 많아서 어지러웠다. 하지만 음양 말고는 다른 성질이 없다는 것을 이해하게 되자 오히려 세상이 단순해지기 시작했다. 그리고 음양이란 것은 하나의 개념일 뿐이지 어떤 물건을 딱히 지칭하는 게 아니라는 것도 알았다. 음양이라는 개념으로 우주 만물을 다

73

설명할 수 있었다. 다른 무엇이 필요 없었다. 어떤 사물이 있으면 그것이 음인지 양인지 살피면 되는 것이다.

예를 들어 귀신은 양이다. 우리 몸처럼 무게가 있는 것도 아니고 눈에 보이는 것도 아니고 부피가 있는 것도 아니기 때문이다. 세상엔 신비한 현상이 참으로 많다. 예컨대 텔레파시나 유령, 미래 예지, 투시, 공중부양 등 알기 어려운 현상들이 있다. 하지만 놀라워할 것이 없다. 그 모든 것은 양의 현상일 뿐이다.

과학에서 다루고 있는 것은 음뿐이다. 그래서 음이 아닌 현상에 대해서는 신비하다는 선입견이 작용하는 것이다. 우리가 만약 양에 대해 많이 알면 놀라울 것도 없다. 유령은 벽을 뚫고 지나가거나 하늘을 날기도 하고 미래의 일을 알기도 한다. 양이기 때문에 그럴 수 있는 것뿐이다. 우리는 물질, 육체, 음에 너무 익숙해 있고 그 외의 것은 알려고 하지 않는다.

나도 어렸을 때는 그랬다. 그러나 주역을 공부하면서 양이란 것을 알았고 자연과학은 음만을 다루는 학문이란 것도 알았다. 하지만 오늘날에 와서 물질이 아닌 암흑에너지도 발견했고, 속도가 무한대인 타키온(tachyon)이라는, 물질이 아닌 존재를 찾기도 했다. 타키온은 빛보다 빠르고 빛 속도 이하로 감속되는 것이 불가능한 존재다. 바로 양의 개념과 딱 맞아떨어지는 것이다. 우주 내에 잠재되어 있는 근원적 팽창력도 무한한 활력을 가진 존재로서 양의 개념을 넘어설 것이 없다.

　삶이란 양이고 죽음은 음이다. 높은 것은 양이고 낮은 것은 음이다. 과거는 음이고 미래는 양이다. 세상에 어려울 것이 무엇이 있는가? 모든 것은 양과 음의 개념을 잘 활용하면 알 수 있다.

　음양은 그 자체를 이야기하자면 참으로 어렵다. 하지만 사물에 내재되어 있는 음양의 상대적 성질을 살펴보면 잠정적으로 알 수 있다. 그 정도 알면 만족해도 좋다. 음양의 개념은 가도 가도 끝이 없는 개념이기 때문이다. 음양은 차차 더 깊게 알아가면 된다. 음양이란 개념은 딱히 어떤 곳에 존재하지 않는다. 방향의 개념인 것이다.

　양 쪽으로 가면 계속 더 깊어지는 양이 있다. 그 끝은 존재하지 않는다. 음도 마찬가지다. 그래서 우리는 음양의 개념을 짧게 정의할 수 없다. 또한 그렇기 때문에 음이니 양이니 말하지 않고 기호 —과 --으로 표현한다.

　끝없는 개념은 기호로밖에 표현할 수 없다. 수학에는 원주율(圓周率, number π)이라는 것이 있는데 이는 딱 떨어지는 숫자가 아니고 소수점 이하에서 영원히 계속되는 숫자다. 이는 차라리 개념이라고 부르는 것이 나을 것이다. 어쨌건 수학자들은 그것을 파이(π, pi)라고 부른다.

　우리는 양을 —이라 부르고 음을 --이라고 부르면서 일단 개념을 잡았다. 기호로 표현해 놓으면 헤매지 않게 된다. 또 음양의 대표적 성질을 예로 알아두면 개념을 이해하기가 조금 더 쉬워진다.

양의 대표적인 성질은 무엇인가? 이것은 활력이다. 무한히 살아서 움직이는 것, 이것이 활력이다. 음은 활력을 가급적 억제하려는 힘이다. 음은 어째서 양을 방해하는가? 그것은 간단하다. 양이 있으니 음이 있을 뿐이다. 그래야 평등하기 때문이다.

세상은 양만 있다고 좋은 것이 아니다. 예를 들어 보일러가 있는데 계속 뜨거워지기만 한다면 어떻게 되겠는가? 정지시키는 기능도 있어야 하는 법이다. 신호등도 파란불만 있으면 큰일 난다. 빨간불이 있어야 질서가 잡힌다. 자동차도 액셀만 있고 브레이크가 없으면 안 된다. 가정에서도 무조건 쓰자는 주의로 나가면 재정이 파탄 난다. 아끼기도 해야 가정의 재정이 파탄 나지 않는 법이다.

우리 몸의 생리도 음과 양으로 되어 있다. 이 중 교감신경계는 작용을 촉진시키는 역할을 한다. 바로 양의 성질을 본뜬 것이다. 반면 부교감신경계는 억제기능을 갖고 있다. 음의 작용인 것이다. 우주도 팽창하려는 힘이 있는 반면 끌어당기는 힘도 있어 균형이 잡히는 것이다.

촉진과 억제, 이는 상호보완적인데 과학자인 닐스 보어(Niels

Bohr)가 이를 주목했다. 물질과학계에서도 한때 빛이 입자냐 파동이냐를 가지고 한동안 소란이 있었다. 하지만 빛은 입자이기도 하고 파동이기도 하다. 때로는 입자, 때로는 파동으로 변환한다. 음과 양의 절충이다. 인간의 행동도 전진해야 할 때가 있고 자제해야 할 때가 있다. 전진과 자제는 서로 보완하면서 정밀하게 목표에 이를 수 있게 한다. 이것이 핵심적 개념이다.

음양은 서로 반대이면서도 서로 약점을 보완해 준다. 남녀도 바로 그렇다. 국가도 마찬가지다. 국민과 정부는 적당히 대립하면서 서로 보완해 주고 있다. 사회도 한 가지 의견이 지나치면 파탄이 온다. 경제도 성장만 좋아해서는 안 된다. 안정도 필요하다. 지나친 성장은 위험한 것이다. 사람도 지나치게 흥분하면 안 되지만 지나치게 침체되어 있어도 안 된다. 세상은 음양이 대립하고 또한 보완하면서 발전해 왔던 것이다. 공자는 이렇게 말했다.

"칼날 위에도 설 수 있으나 중용에 능할 수는 없다(白刃可踏也 中庸不可能也)."

중용이란 바로 음양의 상호보완, 즉 조화를 의미하는 것이다. 세상에 음양이 없다면 우주 대자연 자체가 없었을 것이다. 양이 없으면 우주는 창조되지 못했을 것이고 음이 없으면 창조된 우주는 정착하지 못했을 것이다. 창조와 정착, 이는 음양의 중요한 예에 해당된다.

음양은 이 정도로 해두자. 앞으로 괘상을 공부하면서 음양의 개념은 더욱 깊어질 것이다. 음양의 개념을 직접 딱 부러지게 알 수는 없다. 차라리 은유적으로 접근하는 것이 음양의 개념을 깨달을 수 있는 쉬운 방법이다. 다만 여기서 음양 기호 --과 ━ 은 반드시 마음속에 새겨두어야 한다. 음양은 끝이 없지만 --과 ━으로 수렴하는 개념이다.

노자는 말했다.

"만물은 유에서 오고 유는 무에서 왔다(天下萬物生於有 有生於無)."

여기서 무(無)는 무엇일까? 무는 그 무엇도 아니다. '그 무엇도 아닌 것'이 아니라면 그것은 어떤 '그 무엇'이니 무라고 말할 수 없다. 하지만 유(有)라는 것은 그것이 무엇이든 간에 없던 것에서 생겼을 뿐이다. 그래서 '무가 유를 낳았다'고 하는 것이다. '없던 것이 있게 되었다'고 이해하면 된다. 자식이 없었다가 이제 생겼다면 무가 유를 낳았다는 뜻이다. 이렇듯 무는 없음에도 불구하고 있음보다 먼저 있었다.

무의 성질은 무엇일까? 그것은 없음마저 없는 것이기 때문에 새롭다고 볼 수 있다. 없음에 또 없음이 있는 것이다. 그래서 무라는 것은 있음의 원동력이라고 볼 수 있다. 무엇을 만들어내는 힘, 이것은 바로 양(陽)이다. 화가들은 종이의 여백에 그림이란 것을 만들어낸다. 작곡가들은 소리 없음에서 음악을 만들어낸다. 우리의 우주도 애당초 없었던 것이 생겼다. 즉 무에서 온 것이다.

없음이란 것은 있음이란 것을 창조하기 위해 계속 기다린다. 양의 속성이 바로 이것이다. 없는 상태에서 있는 상태로 가려는 것. 이것은 모든 있는 것의 원동력이다. 사물은 있고 나면 변해가는데 이것도 변화 없음에서 변화 있음으로 가는 것이다. 무가 유를 낳은 것이고, 또한 양이 음을 낳았다고 말할 수 있다.

음은 수동적인데, 유(有)라는 것이 원래 수동적인 사물이다. 이에 대해 뉴턴은 말한다. "물체는 가만히 내버려 두면 영원히 그 상태를 유지한다." 이는 운동 제1법칙이라 하는데 관성의 법칙(the law of inertia)이라고도 말한다. 관성이란 그냥 그대로인 상태를 말하는 것으로, 존재하는 것에 힘을 가하지 않으면 아무것도 변화가 없다는 뜻이다. 물론 외력(外力)이 가해지면 사물은 변할 수 있다는 뜻을 함유하고 있다.

뉴턴은 또 말한다. "물체는 외력이 가해지면 가해진 만큼 변화를 일으킨다." 이는 운동 제2법칙이라고 하는데, 양이 존재하면 음이 변해간다는 의미다. 그러니까 세상은 변하게 하는 것과 변해가는 것이 있는 셈이다. 변하게 하는 것은 양인데, 그것은 무의 속성과 완전히 맞아 떨어진다. 없는 것은 없는 것마저 없애고자 하기 때문에 결국 유를 만들어낸다.

독일의 유명한 철학자 하이데거는 무의 생동력을 실존(實存, existence)이라고 불렀는데, 이는 양에 다름 아니다. 양이란 가만있지 못하는 존재다. 반면 음이란 가만있는 존재다. 둘이 만나면 어떻게 될까? 변화를 일으킬 것이다.

변화! 이것이 바로 자연의 모습이다. 원인은 양이고 결과는 음이 받아들인다. 양이란 항상 여기에서 저기로 가고자 한다. 저기에 가서도 또 다른 곳으로 가기를 원한다. 양이란 도달점이 없고 오로지 출발점만 있는 것이다.

이것은 바로 시간으로, 시간은 가만있지 못하는 양의 성질 때문에 생긴다. 그 성질에 의해 변해가는 것이 바로 공간인데, 어떤 공간의 시간이고 어떤 시간의 공간인 것이다. 소위 시공(時空, time and space)이다. 사물은 시공의 일부로, 그 속에는 음과 양이 조화를 이루고 있다. 노자는 이렇게 말했다.

"만물은 음을 등에 지고 양을 끌어안으며 충기로 화합한다(萬物負陰而抱陽 沖氣以爲和)."

양이란 변화의 원인으로 사물을 이끌어간다. 음은 뒤에 처져 이끌리는 존재다. 음은 가급적 머물고자 하고 양은 가급적 다른 곳으로 가고자 하는데 이 둘이 절충하고 있는 것이 현재의 모습이다. 그러나 현재는 계속 변하게 되어 있다. 양과 음은 서로 성질이 다르기 때문에 조화도 깨지는 법이다.

우주가 시작되기 전에 양과 음은 고도의 조화를 이루고 있었는데, 이를 태극(太極)이라 말한다. 태극은 음양이 서로 화합하여 완벽한 균형을 이룬 것이지만 이는 반드시 깨지게 되어 있다. 양은 죽지 않는 존재이기 때문에 어디에 있든 탈출을 시도한다.

이를 두고 자연과학에서는 '자발적 대칭성 파괴(spontaneous symmetry breaking)'라고 하는데, 실제로 우주는 대칭이 깨지면서 발생했다. 그 이후에는 다시 대칭성을 만들어가는데, 이는 음이 양을 잡아놓은 결과다. 대칭은 또다시 비대칭을 만들기 때문에 변화는 끝나지 않는다. 그래서 역사는 계속되는 것이다.

독일의 철학자 칼 야스퍼스는 이를 실존조명(實存照明, existential elucidation)이라고 했는데, 양의 변덕(?)에 의해 새로운 역사가 이어진다. 사물은 음의 '하지 말자'는 견해와 양의 '하자'는 견해가 서로 절충하면서 임시적으로 존재하는 것에 해당된다. 만약 세상에 양만 존재한다면 그것은 밖으로 날아가 온데간데없이 될 것이다. 또한 세상에 음만 있다면 그것은 안으로 숨어들어 아무것도 남아 있지 못할 것이다.

양은 음을 살리고 음은 양을 죽인다. 그로써 조화를 이루고 작용은 끝없이 전개된다. 양은 저기로 날아가 알 길이 없고 음은 이곳으로 숨어들어 알 길이 없다. 사물의 작용은 끝 간 데 없이 계속되건만 그것이 어디로 가는지 참으로 알기 어렵다.

일찍이 스티븐 호킹 박사는 대자연에는 미래를 아는 것을 금지시키는 법칙이 존재한다고 했는데, 이는 양과 음의 성질 때문이다. 양이 음으로부터 탈출할지 음이 양을 잡아들일지 그 누가 알겠는가.

양이 있으면 음이 있다. 또한 음이 있으면 양이 있다. 둘은 만나고 헤어지기를 반복한다. 이런 까닭에 세상은 영원한 것이다.

자연의
4가지
작용

　세상에는 오로지 음과 양, --과 —만 있다. 음양은 온 세상의 가장 근원적 원소다. 만물은 모두 음양의 작용으로 만들어지는 것이다. 여기서 --과 —은 실제 사물을 뜻하는 것이 아니라 개념이라는 것에 유의해야 한다. 개념이란 우주 대자연이 존재하기 전부터 따로 존재해 왔다.

　--과 —은 범주 개념으로 물질세계의 원소와는 다르다. 범주는 만물의 속성을 표현하는 것이지 만물 그 자체는 아니다. 물론 어떤 사물이 갖고 있는 속성을 다 이야기했을 때 사물과 개념은 구분이 되지 않는다.

오늘날 과학에서는 정보가 곧 사물이라는 것을 밝혀내고 있다. 이는 물질을 전송할 때도 쓰이는 개념인데, 한 물질을 먼 곳에 보내고자 하면 이곳에 있는 물질의 모든 정보를 수집해 그 정보를 먼 곳에 복사해 놓으면 된다. 이를 양자정보복사라고 하는데 복사가 바로 전송이다. 이것은 고도의 과학이므로 여기서 논할 내용이 아니다. 다만 정보가 곧 사물이라는 개념은 알아두어야 한다. 그런데 주역은 범주를 다루는 학문으로 범주는 곧 정보고, 정보는 바로 사물이다. 이 내용은 뒤에 가서 깊게 논의할 것이다. 여기서는 범주 개념이 곧 그 사물이라는 것을 이해하고 넘어가자.

우리는 사물의 뜻을 규명하는 중이다. 세상에는 음과 양이라는 개념, 즉 뜻이 있는데 그것은 --과 —으로 표현된다. 이것은 여러 번 강조했던 것으로 철두철미하게 마음속에 새겨두어야 한다. 대자연은 광대하다. 너무 넓어 감당하기 어려워 보인다. 하지만 자연은 단순하다. 그 뜻이 --과 —일 뿐이기 때문이다.

우리가 어떤 사물에 대해 '그것이 무엇인가?'라고 묻는 것은 그 뜻을 묻는 것이다. 예를 들어 여기 여자가 있다. 그러면 '여자란 무엇인가?'라는 질문을 할 수 있다. 이때 묻는 것은 여자의 뜻을 묻는 것이다. 여자의 뜻은 사람의 뜻을 더 세분해서 얻어지는 개념이다. 개념이 즉 뜻으로, 주역이 추구하는 것이 바로 그것이다.

　세상이 아무리 넓어도 개념은 딱 두 개밖에 없다. 바로 --과 —이다. 이것이 서로 만나면 4가지가 된다. 즉 ⚏ ⚌ ⚎ ⚍이다. 이는 4가지 정보 또는 개념인데, 이를 통해 우리는 대자연 속에 있는 정보를 좀 더 세분할 수 있게 되었다. 그만큼 정밀해졌다는 뜻이다. 4가지 개념, 즉 ⚏ ⚌ ⚎ ⚍은 --과 —으로 다시 환원시킬 수 있지만 우리는 보다 세분화된 개념을 찾고 있는 중이다.

　이제 세상에는 ⚏ ⚌ ⚎ ⚍이 있다고 말할 수 있다. 여기서 더욱 세분해 나갈 수 있으나 먼저 새로 밝혀놓은 4가지 개념을 상세히 논해보자. ⚏ ⚌ ⚎ ⚍을 주역에서는 사상(四象)이라고 표현하여 음양이 발전된 개념이라는 것을 밝히고 있다. 사상은 음양이 서로 만나 작용을 일으키고 있는 것을 보여준다. 이것 말고는 대자연에 작용이 따로 있을 수 없다. 모든 작용은 ⚏ ⚌ ⚎ ⚍일 뿐이다. 하나씩 설명해 보자.

　⚏은 음끼리 만난 것이고 ⚌은 양끼리 만난 것이다. ⚎은 음과 양이 만난 것인데, --이 위에 있고 —이 아래에 있다. 사물의 만남은 위치에도 뜻이 있기 때문에 이렇게 표현한 것이다. 이 뜻은 차차 설명할 것이다. ⚍을 보자. 이는 위에 —이 있고 아래에 --이 있다. 위아래는 작용을 설명하는 개념이다.

예를 들어보자. 회사에 상사가 여자고 부하도 여자면 ⚏으로 표현된다. 상사와 부하가 남자면 ⚌으로 표현될 것이다. 여자가 상사고 부하직원이 남자라면 ⚍이 된다. 반대로 남자가 상사고 여자가 부하직원이면 ⚎이 될 것이다. 4가지가 다 뜻이 다르지 않은가. 우주 대자연은 2가지 원소인 ⚋과 ⚊으로 4가지 작용, 즉 ⚏ ⚌ ⚍ ⚎을 일으키고 있는 것이다. 이뿐이다. 우주에 다른 작용은 없다.

우리는 앞에서 ䷗와 ䷖에 대해 이야기했다. 이는 요약해서 그 뜻을 말하면 ⚌과 ⚏일 뿐이다. ䷗와 ⚌은 비슷한 개념으로, 자세히 이야기한 것과 대충 이야기했다는 것이 다를 뿐이다. 사물은 대충 흐름을 이해하고 나서 점차적으로 파고들어 가야 하는 법이다. 공부에 있어서도 마찬가지다. 공부 못하는 사람은 마음이 급하다. 단숨에 모든 것을 깊게 알고자 한다. 그렇게 해서는 될 일이 없다. 사물은 처음에 대충, 나중에 세밀하게 살펴야 하는 것이다. 여기서는 ䷗는 잊어버리고 ⚌에 충실하자.

이제 우리는 4가지 현상, 즉 ⚏ ⚌ ⚍ ⚎을 알았다. 이 현상을 가까이서 보지 말고 멀리서 바라보자. ⚏을 한 덩어리로 보자는 뜻이다. 자세히 보고자 한다면 ⚏ 속으로 들어가야 한다.

$$\overset{\text{--}}{\bigcirc}$$

위 그림에서 ○이 있는 곳을 봐야 한다. ○는 그 속에 들어가서 본다는 뜻이다. 우리는 ▬을 또 이렇게 봐야 한다.

$$(\text{▬▬})$$

( )는 멀리서, 대충 본다는 뜻이다. 대충 본다는 것은 전체를 본다는 뜻이지 흐릿하게 본다는 뜻이 아니다. 이런 말이 있지 않은가. 나무를 보지 말고 숲을 보라고. 나무는 나중에 보자. 우리는 지금 숲을 보고 있는 중이다.

사상을 다시 보자. (▬▬) (▬) (▬▬) (▬)인데, ( )를 친 것은 멀리서 보라는 뜻이다. 우리는 대자연의 작용이 4가지뿐이라는 것을 알았기 때문에 세상을 보는 데 여유를 갖게 되었다. 세상은 복잡하지 않으니 천천히 살펴봐도 된다. 주역이란 공부하면 할수록 세상에 대한 통찰력이 깊어지는 법이다. 우주 대자연은 넓다. 하지만 원소는 2개뿐이고 작용은 4개뿐이다. 이제 4개의 작용을 살펴볼 것이다. 천천히 가자.

세상에는 음양이 가득 차 있다. 그러나 이렇게 표현하는 것은 옳지 않다. 세상이 따로 있고 음양이 있는 것이 아니기 때문이다. 모든 것이 그냥 음양이다. 모든 것 아닌 것, 즉 무라고 하는 것도 양에 속한다. 우리는 음양을 빼놓고 아무것도 말할 수 없으며 또한 음양을 말하는 것은 모든 것을 말하고 있다고 볼 수 있는 것이다.

여기 음양이 있다. 이들은 작용을 일으킬 것이다. 세세한 작용도 있을 것이고 거대한 작용도 있을 것이다. 하지만 그 내용은 아주 단순하다. 세상이 아무리 복잡해도 음양의 원리에 따라 그 작용을 살피면 간단히 모든 것을 파악할 수 있다. 사상이란 바로 음양의 작용을 의미하는데, 그 내용을 살펴보자.

여기 양이 있다. 아직 음을 만나지 않았다. 이럴 때는 양이 있고 또 양이 있다고 표현할 수 있다. 만나는 것이 모두 양이고 또한 스스로도 양인 채 때를 기다리고 있는 중이다. 양이란 밖으로 그 기운을 발산하고 있으며 그 기운을 스스로도 사용하고 있다. 밖에서 양을 만나지 않아도 스스로에게 작용하고 있으므로 양은 결국 중첩되는 것이다. 또한 양이 계속 존재하는 한 그것은 유지할 것이다.

이때 이것을 표현하면 ▇▇이 된다. 양이 있고 다시 있다는 뜻이다. 또는 양이 양을 만났다는 뜻이다. ═은 양을 중복해서 말한 것뿐이다. ━이 있으면 그것은 ═이 있다는 뜻과 다르지 않다. ━을 양의 최소한이라고 말하는 것은 우리가 주역에서 단위로 사용하기 위함일 뿐이다. 실제로 양은 얼마든지 더 작은 것이 있기 때문에 작게 보면 ━이고 조금 크게 보면 ═이 된다. 다만 ═은 양과 양이 스스로 작용하고 있을 때 표현하는 방식이다.

━이 시간상을 운행할 때 현재와 미래는 서로 작용하는데, 이는 멀리 있는 양과 가까이 있는 양이 작용하는 것과 전혀 다르지 않다. 음양의 작용은 시간을 초월해 있다. 원래 시간은 공간과 함께 존재하는 것이므로 우리가 ═으로 표현할 때 양이 상하로 있는데, 이는 미래와 과거라는 뜻이고 또한 공간의 높은 곳과 낮은 곳이라는 뜻이다. 상하가 있다면 이는 높은 곳과 낮은 곳이 있다는 뜻이고 미래와 과거가 있다는 뜻이 된다.

음양은 작용을 일으킬 때 자기가 어떤 입장에 있느냐에 따라 의미가 달라진다. 주역에서는 이를 위(位)라고 말하는데, 위는 괘상을 해석하는 데 가장 필요한 개념이다. ═은 그것을 보여주는 것이다. 여기서 ═을 이루는 성분은 ━인데, 이것을 주역에서는 기(氣)라고 하며 위기(位氣)는 주역의 해석에 절대적인 개념이다.

═이 있으면 ━들은 서로 작용할 것인데, 이는 사상의 한 형태로 ══도 마찬가지다. 음과 음이 만나면, 혹은 음이 스스로와

작용하는 모습을 보고자 하면 이때 ==이 되는 것이다. ==과 ==
은 스스로일 뿐 아직 상대방을 만나지 않은 것이다.

==은 양극, ==은 음극으로, 이들이 서로 기운을 교환하면 새
로운 작용이 나타난다. 그것이 ==과 ==이다. 둘다 음양이 만나서
이루어지는 것이지만 작용 위치에 따라 뜻이 달라진다.

사상, 즉 == == == ==은 상하로 되어 있는데, 이는 이들이
존재하기 전에 이미 상하라는 개념이 있다는 뜻이다. 상하란 도
대체 무엇일까? 그것은 간단한 이야기다. 음이 많이 쌓여 있으면
그쪽은 아래가 되는 것이다. 즉 음기가 많은 것을 아래라고 말하
는 것뿐이다. 낮은 곳, 과거 등을 주역에서는 아래라고 하고 높
은 것, 미래 등은 위라고 하는데 이는 음의 기운이 있는 곳과 양
의 기운이 있는 곳을 의미한다.

세상에는 음양이 있고 아래위가 있다. 이로써 우리는 모든
것을 말할 수 있게 된다. 사상이란 다름 아닌 음양의 작용을 뜻
한다. 작용이란 것을 밖에서 보면 하나의 틀을 형성하기 때문에
상(象)이라고 명명한 것이다. 그리고 상은 4가지가 있어 사상이
라고 일컫는다.

사상을 가지런히 놓고 바라보면 그것은 순환의 모습을 띠고
있는데, 이는 사상 하나만 보지 않고 동시에 정렬시켜 놓은 결과
다. 주역을 공부함에 있어 괘상 자체를 알아야 하는 것은 당연하

지만 그것을 깊게 이해하기 위해서는 반드시 서로 비교해야 한다. 이때 나타나는 것이 바로 순환이다.

사상은 총체적으로는 순환이고, 하나씩 보면 그 안에 음양의 작용을 보여준다. 사상은 주역의 시작이다. 음양이 먼저 있고 그다음엔 그 작용을 알아야 할 것이다. 사상이 아니면 주역에 대해 아무것도 말할 것이 없다. 음양이 원소라면 사상은 그것들이 이루는 구조다. 구조는 또한 그 안에 변화를 담고 있는 것이다. 변화는 순환으로 이어진다. 사상은 주역의 근간을 이루고 있는 개념으로, 만물의 뜻은 다 여기서 나온다.

사상의
다양한
유형들

　자연의 작용 4가지를 이제 실생활에 적용해 보자. 사람은 무수히 많다. 그러나 성격으로 나눠보면 일정한 유형을 밝힐 수 있다. 이로써 그 사람의 정체성을 일부나마 규정할 수 있을 것이다.

　첫째 유형은 ＝의 성질을 가진 사람이다. ＝의 뜻은 무엇일까? 양이 두 개 모여서 상하로 작용하는 중이다. 그 사람 내면의 성질이 그렇다는 뜻이다. ＝은 양의 집합이기 때문에 격렬하다. 매사에 적극적이고 남성적이다. 다혈질이라고도 말한다. 또는 화끈한 성격이라고도 하는데, 바로 ＝의 본모습이다. 이런 성격의 소유자는 씩씩하고 힘이 넘치는 것은 좋지만 자기주장을 앞

세워 남의 권리를 침해하기도 한다. ＝＝이라고 해서 무조건 앞설
필요는 없다.

두 번째 유형은 ＝＝인데, 이는 음의 속성 그대로 소극적이고
수동적이다. 여자답고 남에게 자신을 주장하지 않는다. 남을 잘
따르고 차분해서 좋다. 다만 ＝＝은 지나친 음이어서 극단으로 느
껴진다. 최고의 성격이랄 순 없다.

세 번째 유형은 ＝＝인데, 이는 이기적인 타입이다. 남에게 관
심이 없고 함께하는 일을 잘 못한다. 사람을 무시하기도 하고 돕
지를 않는다. 잔인한 면도 있다. 내면이 정돈되지 않은 사람으로
서 최악의 성격이다.

네 번째 유형은 ＝＝인데, 이 사람은 협조가 잘 되고 외교적이
다. 남에 대한 배려가 있고 예의도 바르다. 감정을 잘 다스리고
검소하다. 이런 사람은 단연 최고의 성격이다. 매사에 균형이 맞
는 사람인 것이다

이번에는 사상으로 회사의 형태를 살펴보자. 유난히 바쁜
회사가 있다. 매출이 높다는 뜻은 아니다. 사건도 많고 변화가
많은 회사, 진급도 잘 되고 퇴직도 빠른 회사, 이런 유형의 회사
는 ＝＝으로 분류된다. 반대로 ＝＝ 유형의 회사는 조용하다. 변화
도 적고 활력도 있어 보이지 않는다. 그러나 안정적이다. 공무원

들이 여기에 속한다. == 유형의 회사는 발전도 두드러지지 않고 평화롭다. 진급도 느리고 퇴직도 느리다. 소극적인 사람이 선호하는 직장일 것이다.

세 번째 == 유형인 회사가 있다. 일이 잘 안 풀리는 회사다. 수입도 안정적이지 않고 직원들끼리 단합도 안 된다. 사장이나 임원들은 권위만 내세우고 실속이 없다. 오래 지탱할 회사가 아니다. 상하의 교류가 없고 직원끼리 단합도 안 되는 이런 곳에서 먼 장래를 설계할 수 없으니 일찌감치 직장을 바꿔야 할 것이다.

네 번째 유형은 ==인데, 직원들끼리 단합이 잘 되고 간부들이 겸손하다. 저력이 있어서 지속적인 성장이 이루어지고 있는 회사다. 재정이 튼튼하고 업무 효율이 뛰어나다. 다른 회사와 교류가 활발하다. 한마디로 젊은 회사다. 진급은 안정적이고 오랫동안 일할 수 있다. 단연 최고 유형의 회사다. 이런 회사라면 열정을 바칠 만하다.

이번에는 사상을 개인의 운명에 적용해 보자. 첫 번째 유형은 ==인데, 점점 무너져가는 시기다. 친구가 하나둘씩 없어지고 가정도 원만하지가 않다. 나이는 이미 노령으로 들어서고 있는 중이다. 전문적인 능력이 있어도 써먹을 데가 없고 일은 자주 꼬인다. 회복 속도가 느리고 망하는 것은 빠르게 진행된다. 운명이 병들어 있는 시기인 것이다.

두 번째 유형은 ▬으로, 왕성하게 일하고 있는 시기다. 결실이 좋다는 뜻은 아니지만 의욕이 넘치는 운명이다. 효율을 좀 더 높이면 좋으련만, ▬의 운명은 힘이 넘쳐서 오히려 비효율적이다. ▬은 양으로 실익이 많지 않다. 양이란 저 스스로는 결실을 이루지 못하기 때문이다. 이런 운명은 한마디로 헛김 새는 유형이므로 차분해질 필요가 있다.

세 번째 유형은 ▬▬인데, 평온한 운명이다. 튼튼한 직장에서 별 탈 없이 지내고 있는 상황이다. 발전도 없고 퇴보도 없다. 안정적이라고도 볼 수 있지만 평화란 원래 오래가지 못한다. 편안함에 안주하지 말고 지금 시기를 발판으로 삼아 무엇인가 새로운 일을 추구해야 한다.

네 번째 유형은 ▬▬인데, 이는 건실하고 잘 풀려나가고 있는 중이다. 실력에 비해 결실도 많고 협조자도 많이 나타난다. 드문 운명이지만 사람은 누구나 한번쯤은 이런 시기를 맞이하게 되어 있다. 잘 살려나가야 한다. 겸손해야 하고 윗사람을 잘 받들어야 한다. ▬▬ 운명의 시기에는 원하는 것이 잘 이루어지므로 실익을 챙기는 한편 널리 사람을 사귀어야 한다. 하던 일을 바꾸면 절대 안 된다. 순탄하게 가고 있는데 욕심을 내서는 안 된다. 매사에 조심하고 기다리면 행운이 오래갈 것이다.

주역
공부의
기초

    50년 전쯤 나는 주역을 발견하고 죽자고 뛰어들었다. 괘상을 보는 순간 여기에 우주의 모든 비밀이 들어 있다는 생각이 들었던 것이다. 물론 공자가 평생 주역에 몰두했다는 것을 알고 난 후였으나 괘상을 접한 순간 그 모양에 심취되고 말았다.

    나는 당시 화학을 공부하고 있었는데, 주역을 보면서 괘상이 화학의 구조식과 닮았다는 것을 깨달았다. 화학에서는 술의 주성분을 CH_3CH_2OH로 표현한다. 물은 H_2O이고 소금은 $NaCl$이다. 물질이 갖고 있는 성분(원소)을 그대로 표현할 뿐이지만, 이러한 표현방식은 물질의 성분이 무엇인지를 말해준다. 소금이니 술이니 영원히 떠들어봤자 그 물질이 무엇인지 알 길이 없다. 하지만 화학 구조식을 사용함으로써 물질의 성분을 완전히 표현할 수 있다. 이렇게 했을 때 우리는 비로소 그 물질이 무엇인지 안다고 말할 수 있게 된다.

이러한 방식을 만물에 확장할 수는 없을까? 나중에 알게 된 사실이지만 주역에서는 '집'이라는 개념을 뇌천대장(雷天大壯, ䷡)으로 나타낸다. 이로써 집의 뜻을 완벽하게 표현한 것이다. '지붕이 있고 벽이 있고 천정이 있고' 등으로 이야기하면 그것이 무엇에 쓰이는지를 알 길이 없다. 그러나 집을 괘상으로 표현한 순간 구조와 뜻을 다 알 수 있는 것이다.

우리 인류가 집이 없었던 시절, 괘상 ䷡을 보고 집을 실제로 만들 수 있었던 것은 괘상에 들어 있는 구조와 뜻을 파악했기 때문이었다. 나 역시 어린 시절 아직 주역이 뭔지는 몰랐지만 괘상이 화학의 구조식처럼 의미 성분을 담고 있다는 것을 눈치 챌 수 있었다.

주역에서 넓고 넓은 하늘세계는 천지부(䷋)로 표현한다. 이보다 더 좋은 표현은 존재하지 않을 것이다. 괘상은 세상의 모습과 뜻을 한순간에 보여준다. 이런 성격 때문에 나는 주역의 괘상에 뛰어들었던 것이다. '뛰어들었다'는 표현은 정확하다. 나는 그곳에서 헤어날 수 없었으니까. 50년이 지난 지금도 주역의 세계에 그윽이 머물 뿐이다.

다시 처음으로 돌아가자. 나는 당시 주역 원전에서 음양이라는 단어가 쓰이지 않고 6과 9가 쓰이는 것에 주목했다. 예를 들어 ䷀ 괘상에서 초효(初爻)를 초양(初陽)이라 하지 않고 초구(初九)라 표현한다. 제2효는 이양(二陽)이 아니고 구이(九二)라고 쓰는 것이다. —을 양이라고 말하지 않고 9라고 말하는 이유가 무엇일까? 원전에는 그 설명이 없다. 음을 6으로 쓰는 것 역시 설명이 없다. 원전에서는 그저 양은 9이고 음은 6이었다.

이를 본 나로서는 맥이 빠졌다. 주역이 그토록 위대한 성인의 학문이라면 논리정연해야 하지 않겠는가. 양은 어째서 9이고 음은 6인가? 나는 이 문제를 연구하면서 필사적으로 매달렸다. 그냥 쉽게 —을 양이라고 말하고 --을 음이라고 말하면 될 텐데, 하필이면 숫자 9와 6을 사용한단 말인가!

나는 50년 전 당시 과학과 수학을 매우 열심히 공부하고 있었다. 아무리 신비한 주역이라 해도 얼렁뚱땅 대충 넘어갈 수는 없었다. 내 양심이 그것을 절대 용납하지 않았다. 주역이 진리라면 그 뜻이 자명해야 하는 것이다. 나는 그야말로 피눈물 나는 연구를 하던 중 하나의 단서를 찾았다. 주역 원전에 이런 말이 있었다.

"하늘은 3이고 땅은 2다(三天兩地)."

왜일까? 또 다른 의문의 숫자였지만 이는 근거가 어느 정도 보이는 듯했다. 하늘이 3이라는 것은 단순한 주장이었기 때문에 그 이유를 생각하는 것이 좀 더 쉬워 보였다. 나는 연구를 계속했다. 그러던 중 한걸음 나아갈 수 있었다. 주역 원전에 또 이런 말이 있었다.

"하늘은 둥글고 땅은 모나다(天圓地方)."

이제는 하늘이 원(圓)으로 바뀌었다. 하늘은 애매한 느낌이지만 원은 익히 알고 있는 단순한 개념이었다. 나는 원과 사각형을 그려놓고 또다시 생각에 잠겼다. 원에서 3이라는 논리를 찾아낼 수 있는가? 사각형에서 2라는 논리를 찾아낼 수 있는가?

답답하기 그지없었다. 성인이 그러하다고 가르친 것이니 믿고 따르면 그만이었다. 하지만 그 이유는 반드시 알아야 하지 않겠는가. 나는 처음부터 성인의 말을 믿었다. 믿지 않았다면 아예 연구도 하지 않았을 것이다.

연구는 계속했다. 괘상도 열심히 연구했으나 원이 3이라는 것을 납득할 수 없으니 찜찜했다. 나중에는 하늘이 원이라는 말도 이상했다. 우리가 보는 하늘은 원이 아니라 구(球)였다. 더더구나 이것이 3일 이유는 없었다.

이러던 중 또 하나의 문제가 발생했다. 양은 —으로 표시하고 음은 --으로 표시한다는 것도 그 이유가 불분명했던 것이다.

여러 가지 문제가 하나로 어우러지면서 더욱 복잡해졌다. 하지만 이때 나는 하나의 문제가 풀리면 모든 것이 동시에 풀릴 것이라는 확신이 들었다. 이유는 모르겠다. 그저 육감이 그랬을 뿐이다.

양은 ━이고 하늘은 원이고 숫자로는 9인 것이다. 이유는 무엇일까? 혹시 누군가 엉터리로 말한 것이 후대에 전해진 것은 아닐까? 별의별 생각이 다 들었다. 한 번은 주역 책을 유리창에 집어던진 적도 있었다. 그리고 엉엉 울다가 다시 주역의 섭리에 도전했다. 성인에 대한 믿음이 강했기 때문에 가능했다.

그러던 어느 날 주역과 관련된 문헌에서 그럴듯한 것을 읽게 되었다. 양은 처음 생긴 것이기 때문에 ━을 쓴 것이고 음은 두 번째이기 때문에 ━━으로 썼다는 것이다. 상당히 그럴듯했다. 하지만 주역은 문자가 만들어지기 전에 있었던 것이니 一(일)이나 二(이)는 사용할 수 없었다. 一과 二는 주역이 출현한 후 오랜 세월이 지나고 나서야 사용하게 된 것이다. 게다가 一이니 二니 이런 것을 가지고는 하늘이 원이라는 것과 3이라는 것, 양을 9로 표현한다는 것을 알 수 없었다.

연구는 원점으로 돌아갔다. 세월은 10년이나 흘렀지만 답을 알 수는 없었다. 그러나 나는 포기하지 않았다. 풀리지 않으면 영원히 계속하겠다는 것이 당시 나의 결심이었다. 물론 괘상 자체의 연구는 계속하는 중이었다.

마침내 결정적인 단서를 찾았다. 단서는 『천부경(天符經)』에 나오는 "일석삼극(一析三極)"이라는 말이었다. 하나가 갈라져 3이 된 것이고, 3은 즉 1이라는 뜻이었다. 단순히 결론만 설명하자. 『천부경』의 뜻은 무엇일까? 이즈음 나는 위상수학(位相數學, Topology)이라는 것도 공부했는데, 『천부경』에 위상수학과 똑같은 결론이 나왔다. 그것을 본 순간 나는 연구하던 모든 문제를 깨달았다.

그 원리를 살펴보자. A와 B 마을이 있다. 두 마을 사이에는 절벽이 가로놓여 있어 완전히 분리된 상태다. 그런데 어느 날 절벽 사이에 다리가 놓였다. 이제는 두 마을이 하나가 되었다. 이것을 그림으로 보자.

A마을	다리	B마을

이 그림은 세 토막이지만 하나로 통해 있다. 즉 3이 1인 것이다. 거꾸로 하면 1이 3이 된다. 3과 1의 관계는 『천부경』에 들어 있는 내용이지만, 현대의 수학자가 이를 좀 더 심도 있게 연구했다. 소위 '먼지집합'이란 것으로, 이는 집합론의 창시자인 위대한 수학자 게오르그 칸토어(Georg Cantor)에 의해 만들어졌다.

주역의 기호 ━은 3인데, 이는 이어졌다는 뜻이다. 그래서 예전에는 ━을 ┅로 표시하기도 했다. ━━은 끊긴 모습이다. 중간이 없기 때문에 A마을, B마을이 되었다. ━━에서 좌우의 선은 의미가 없다. 그저 2개로 표현해서 단절(斷絶)을 나타낸 것뿐이다. 우리 민족은 현재 ━━이다. 통일이 되면 비무장지대가 연결되어 ━이 될 것이다. 이로써 괘상의 음양기호가 가진 숫자의 의미가 밝혀졌다.

이제 하늘이 3인 이유와 원(圓)인 이유를 살펴보자. 여기 선이 하나 있다.

끝은 A, B로 나타냈다. 이제 이 선을 구부려 A와 B를 만나게 하자.

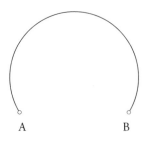

아직 A와 B가 붙은 것은 아니다. 접착제가 필요하다. 다시 보자.

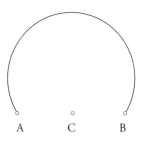

A와 B 사이에 점이 나타났다. 이것은 접착제 역할을 한다. 또 보자.

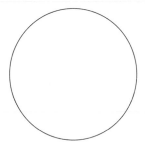

이제는 선이 붙어서 원이 되었다. 2가 3으로 된 것이다. 끊어지면 다시 2가 된다. 3, 즉 원이면 기운이 하나로 연결되는데 이것이 바로 하늘이다. 끊어지면 기운이 분리되어 흐름이 정지된다. 즉 음이고 땅이다. 위상수학의 이론에서도 원이 점 3개다.

절에 가면 이런 표시가 있다.

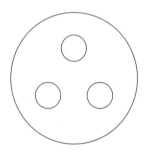

이는 ∴이 바로 ○이라는 뜻이다. 둥글게 통한다는 것을 그림으로 나타낸 것이다. 그리고 원이 끊어지면 선이 되는데, 위상수학에서는 선을 점 두 개로 표현한다.

50년 전에 나는 위상수학도 몰랐고 칸토어의 먼지집합도 몰랐다. 그리고 『천부경』도 읽지 못했었다. 하지만 후에 3가지 이론을 알게 되자 모든 것을 한순간에 깨달았다. 이를 깨닫는 데 10년이 걸렸다. 이제 성인이 밝힌 "하늘은 3이고 땅은 2다"가 무엇인지 알았고, 괘상의 기호 —과 --의 뜻도 확연히 깨닫게 되었다.

그런데 한 가지 문제가 더 남아 있다. 바로 양을 두고 어째서 9라 하고, 또한 음을 6이라고 표기하는가이다.

괘상의
계층

여기 괘상 ☰이 있다. 뜻은 하늘이고, 양의 극한이다. ☰은 3층 구조를 가지고 있는데, ━하나의 값은 3이다. 이는 앞에서 이야기했다. ━과 ┅은 같은 의미로, 소통을 뜻한다. ━이 끊어지면 ┅이 되는데, 이는 불통이다. 소통과 불통은 양과 음의 속성 중 하나다. 여기서 중요한 것은 ━이 3이라는 것이다. ━ 하나가 3이니 셋이면 $3 \times 3 = 9$가 된다.

━　3
━　3　　→ 9
━　3

이것을 '계층값'이라고 하자. ☰은 계층값이 9이다. 그저 비유해서 9층에 있는 존재라고 해도 된다. 9라는 숫자만 기억해 두자. ☰의 반대 괘상은 ☷인데, 이것의 계층값은 얼마인가? -- 하나는 2이다. 앞에서 공부한 것이다. ☷은 --이 3개 모여서 된 것이니 2×3=6인 것이다.

```
--    2
--    2    → 6
--    2
```

☷은 계층값이 6이고, 이를 6층에 있는 존재라고 해도 이상 없다. 숫자 6이 중요하다. 여기서 생각하자. ☷중 하나가 —으로 바뀌면 어떻게 되는가? 종류는 3가지가 된다. ☳, ☵, ☶이다. 이들의 계층값을 계산해 보자.

```
—    3          --    2          --    2
--    2  → 7    —    3  → 7     --    2  → 7
--    2          --    2          —    3
```

모두 7의 값을 갖고 있다. 이번에는 ☰에서 하나씩 --을 대

치시켜보자. 이 역시 3개의 괘상이 될 것이다. 즉 ☶, ☳, ☵이
다. 이것은 계층값을 계산하면 다음과 같다.

― 3	― 3	-- 2
― 3 → 8	-- 2 → 8	― 3 → 8
-- 2	― 3	― 3

값이 모두 8이 된다. 이렇게 해서 팔괘의 계층값을 다 계산
했다. 계층값은 도대체 무엇에 쓰는가? 괘상끼리 비교하기 위함
이다. 8개의 괘상 ☰ ☱ ☲ ☳ ☴ ☵ ☶ ☷은 각각 무슨 뜻이
있는가? 그것은 지금 당장 알 필요는 없다. 여기서 중요한 것은
팔괘는 정보일 뿐이라는 사실이다.

정보? 사물은 곧 정보다. 정보이론을 창시한 클로드 섀넌이
라는 과학자는 이렇게 말했다.

"정보는 뜻이 없는 것이다."

뜻이 없다고? 그렇다. 정보는 뜻이 없고 구조만 있다. 섀넌
은 정보의 구조를 비트(bit)라는 단위를 사용하여 규정했다. 그러
나 정보가 영원히 뜻이 없는 것은 아니다. 하나의 정보가 다른
정보와 비교될 때는 각각의 정보가 뜻을 갖게 된다.

예를 들어 ☰과 ☷을 보면 무슨 뜻인지 아직 모른다. ☰과

≡≡은 구조의 차이, 즉 정보만 있을 뿐이다. 하지만 ≡이 양극이라는 것을 알게 되는 순간 ≡≡은 음극이라는 것을 알게 된다. 물론 우리는 ―이 양이고 --이 음이라는 것을 이미 알고 있었고 음양은 서로 반대라는 것도 알고 있었다. 그래서 ≡의 뜻과 ≡≡의 뜻도 알게 된 것이다.

이것은 앞으로 많은 괘상, 즉 많은 정보를 다뤄야 할 때 필요한 개념이다. 우리는 방금 전 계층값을 계산했는데, 이는 정보 간의 차이를 알고자 함이었다. 그 결과 ≡은 9이고 ≡≡은 6이라는 것을 알았다. 9와 6은 뜻이 있는 숫자이므로 이를 비교함으로써 ≡과 ≡≡의 차이도 알 수 있게 된다.

정보의 뜻을 급히 알려고 하지 말자. 정보는 그 구조를 서로 비교해 감으로써 점점 뜻이 분명해진다. 옛사람은 이런 개념이 없었다. 그들은 괘상이 있으니 그 뜻을 알려고 급급했을 뿐이다. 그러나 정보의 뜻은 그런 식으로는 절대 알 수 없다. 정보의 뜻은 사전에서 정의하는 것이 아니라 구조를 살펴 서로를 비교함으로써 얻어지는 것이다.

다소 어려운 이야기를 했는데 다시 계층값을 살펴보자. 계층값은 현재 4개가 나와 있는데 바로 6, 7, 8, 9다. 이것을 알기 쉽게 정렬해 보자.

	☰		→ 9
☵	☴	☶	→ 8
☷	☷	☳	→ 7
	☷		→ 6

괘상은 4개의 층을 이루고 있는데, 각각의 층이 그 괘상의 뜻의 일부다. 여기서 '뜻의 일부'라는 말에 유의하자. 괘상은 많은 속성을 갖고 있어서 단번에 괘상의 모든 속성을 알 수는 없다.

비교해서 설명하자. 여기 동물이 있다. 그런데 사람이다. 남자다. 나이는 30세다. 키는 170센티미터다. 체중은 65킬로그램이다. 이 사람은 군인인데 계급이 대위다. 이처럼 한 동물에 대해 우리는 수많은 것을 말할 수 있다. 이 모든 것이 그 동물의 정체인 것이다. 한 사람을 놓고 볼 때 그의 속성은 100가지, 아니 1000가지가 넘을 것이다. 얼굴 한번 봤다고 그 사람을 알았다고 말하면 안 된다.

주역의 괘상도 마찬가지다. 괘상은 8개가 있다는 것, 3층 구조라는 것, --과 ―으로 되어 있다는 것, --은 2이고 ―은 3이라는 것 등등 속성은 아주 많다. 우리는 괘상의 뜻을 알아가는 중이다. 정보가 많을수록 깊이 알게 된다. 그리고 정보란 그 자체는 별것이 아니고 다른 것과 비교될 때 효력을 발휘한다.

현재 우리는 계층값이라는 것을 가지고 괘상의 뜻에 접근해 가는 중이다. 6, 7, 8, 9 말이다. 그런데 여기서 잠깐 짚고 넘어갈 것이 있다. 6과 9는 괘상이 하나인데 7과 8은 해당되는 괘상이 각각 3개씩이다. 상관없다. 지금은 계층값을 따지기 때문에 같은 소속이 있는 것이다. 다른 정보, 즉 다른 속성을 따지게 되면 괘상들은 각각의 뜻으로 수렴해 갈 것이다. 사람도 같은 아파트 주민일 경우가 있지 않은가. 같은 아파트에 산다고 다 같은 사람은 아니다. 마찬가지로 주역의 괘상에 있어 계층값이 같다고 같은 괘상은 아닌 것이다. 이제 계층만 나열해 보자.

9
8
7
6

이 그림에서 위로 올라갈수록 양이 되고 아래로 갈수록 음이 된다는 것을 확인하라. 양이란 원래 위에 있고 음은 아래에

있다. 이제 각 숫자에 뜻을 붙여보자.

9	}	양
8		
7	}	음
6		

계층값으로 양과 음을 나눈 것이다. 이를 더 나눌 수 있다.

9	→	양중양
8	→	양중음
7	→	음중양
6	→	음중음

숫자 4개는 뜻 4개를 이루고 있다. 이제 결론을 내자. 9는 양중양으로서 양의 대푯값이다. 6은 음중음으로서 음의 대푯값이다. 이 때문에 우리가 양을 표현할 때 강조법으로 그 값을 9로 사용하는 것이고 음을 표현할 때는 6을 사용하는 것이다. 이것이

주역 원전에 표시되어 있는 숫자의 뜻이다. 별 내용도 아니다. 그저 —이나 --으로 표시하거나 양, 음으로 해도 될 것이다.

그러나 굳이 숫자를 사용한 것은 그만한 이유가 있기 때문이다. 이것은 뒤에서 64괘를 공부할 때 다시 등장할 테니 지금은 약간의 지식을 습득한 것으로 만족하자.

그런데 지금 이 분석을 귀찮다고 생각해서는 안 된다. 다소 귀찮은 것을 습득한 것으로 무한히 많은 사물의 뜻을 규명할 수 있게 된다. 주역의 이론은 많은 것 같지만 유한하다. 하지만 만물은 끝없이 많다. 유한한 것으로 무한한 것을 다 알 수 있으니 이보다 더한 공부가 어디에 있겠는가. 주역 공부는 천천히 해도 어느새 많은 것을 알게 되는 법이다. 주역 공부는 철두철미하게 하지 않으면 겉멋만 들게 되고 남을 속이게 된다. 어디 그뿐이랴. 자기 자신도 속여 주역을 영원히 깨닫지 못하게 한다. 결국 영원히 만물의 뜻을 모르게 되는 것이다.

만물의
존재 방식,
순환

추운 겨울날 우리는 머지않아 봄이 올 것을 알고 있다. 미래의 일이라 그 누구도 장담할 수는 없으나 우리는 그렇게 예측한다. 지난 세월 언제나 겨울이 지나면 봄이 왔던 기억을 떠올리기 때문이다. 먼 옛날 우리의 조상들은 계절이 순환한다는 것을 일찍 파악했다. 따뜻한 여름이 지나면 마침내 겨울이 오고, 이에 따라 앞날을 대비하며 살아왔다. 앞으로도 인류는 그렇게 살아갈 것이다.

계절이 순환한다는 것은 얼마나 다행한 일인가. 하지만 순환은 우주 모든 곳에 존재하는 아주 일반적인 현상이다. 모든 것이 순환하고 있다. 순환은 사물이 존재하는 방식이다. 별들의 경우 행성을 돌고 있는데, 그렇게 해야만 어딘가로 떨어져 나가지 않는다. 우리 지구만 해도 태양을 중심으로 도는 것으로 자신의 위치를 유지할 수 있다. 4계절의 순환도 이 때문에 존재하고 있다.

순환에는 반드시 중심축이 있어서 그 주위를 맴돌 수 있다는 의미다. 중심축에 매달려 있지 않으면 멀리 이탈하여 현상이 무너진다. 지구가 만일 태양을 이탈한다면 당장 추위가 몰아닥칠 것이고, 지구는 어디론가 날아가다가 부딪쳐 파괴되거나 또 다른 순환의 축에 매달리게 될 것이다.

우리 사회를 보자. 직장인의 경우 월요일에 출근하여 금요일까지 일한다. 그러고는 휴일이 온다. 우리는 월요일 아침 하루를 시작하면서 며칠만 참으면 다시 휴일이 온다는 것을 알고 있다. 그리고 한 달을 다니면 봉급이 나온다는 것도 알고 있다. 그렇게 우리는 순환하는 사회생활을 하고 있는 것이다.

만물이 다 그렇거니와 인간은 일정한 패턴을 유지하면서 살아간다. 아침에 집에서 나와 직장에서 일을 하고 저녁에는 다시 집으로 들어온다. 이러한 패턴은 오랜 세월 반복된다. 사람이 성장하여 사회에 등장하면 제일 먼저 하는 일이 항성을 찾는 일이다. 즉 중심축을 찾으려 한다. 그것이 직장 또는 직업이다. 회사원이든 자영업자든 집에서 나와 일하러 간다. 그리고 일이 끝나면 다시 들어온다. 이것은 반복되는 현상이다.

이것을 우리는 안정이라 부른다. 일정한 틀을 갖추었다는 뜻이다. 사람은 틀에 적응하며 살아가는데, 이것이 무너지면 방황이라는 상태에 이른다. 인간이란 참으로 자유로운 것 같지만 일정한 틀에서 벗어나기 어렵다. 사는 곳도 그렇다. 대개 태어나서 자란 곳에 머물고 혹은 멀리 나아가 정착한다.

정착이란 것은 순환할 수 있는 틀을 정했다는 뜻이다. 우리의 우주는 현재 저 먼 하늘로 날아가는 중이다. 종래에는 모든 것이 사라지겠지만 그 과정 중에는 어딘가에 의지하면서 살아간다. 인생이란 것도 언젠가는 종말을 맞이한다. 그리고 다시 시작되는 것이다. 죽어서 지옥에 갈지 천국에 갈지 허공을 떠돌아다닐지 다시 태어날지는 알 길이 없으나 그 어떤 곳에 가더라도 패턴이 존재할 것이다.

인간은 태어나서 어딘가 순환할 축을 찾아 헤매는 존재라고도 할 수 있다. 가정을 이루는 것도 축을 만든 것에 지나지 않는다. 그러고는 안정된다. 우리 사회든 저 우주든 순환으로 가득차 있다. 사물이 순환하는 것은 존재 방식이며, 그렇게 함으로써 사물은 안정을 취할 수 있다.

자유롭게 행상을 하는 사람도 일정한 방향이 있다. 결국 패턴이 정해진다는 뜻이다. 그렇게 해야 유지가 쉽기 때문이다. 사람이 산책을 하는 경우에도 저마다 일정한 코스가 있다. 처음엔 이리저리 가보다가 나중에는 가는 방향이 정해진다. 그렇게 하지 않으면 마음이 미리 피곤해지기 때문이다.

세상은 매일매일 바뀌며 수없이 많은 사건을 만들어간다. 소위 역사라는 것을 만들어가는 것이다. 하지만 역사도 패턴이 있고 주기가 있다. 순환한다는 뜻이다. 일찍이 우리 조상들은 계절의 주기를 발견하여 시간의 흐름에 대비하며 삶을 안정시킬 수 있었다. 존재하는 모든 사물은 중심축이 있고 그것은 일정한 방향과 주기를 가지고 순환하고 반복하며 존재를 유지해 나간다.

우리의 몸 안에서 일어나는 생리작용도 일정한 패턴인 주기와 순환이 있다. 우리의 몸 역시 순환하지 않으면 생명을 유지할 수가 없다. 결국 운명이란 것도 순환하는 존재일 뿐이다. 일생을 살다 보면 괴로운 겨울 같은 시절이 있고, 어느새 그것이 회복되어 봄 같은 시간이 온다. 아무리 괴로운 사람도 좋은 날이 있으며, 아무리 행복한 사람도 나쁜 날이 있다. 그렇게 삶은 순환하고 있는 것이다.

순환의 주기는 변할 수 있다. 하지만 순환 자체는 없어지지 않는다. 인생에 순환이 끝나면 죽을 때가 된 것이다. 인생은 생로병사(生老病死)로 순환하고 사물은 성주괴공(成住壞空)으로 순환하는데, 순환이 파괴되면 종말을 맞이하게 된다. 그리고 종말이란 것도 크게 보면 어떤 새로운 순환을 향해 간다는 것뿐이다.

우리 주변에는 무수히 많은 순환고리가 있다. 어떤 사람에게는 단순한 순환고리가 있을 것이고 또 어떤 사람에게는 아주 복잡한 순환고리가 있을 것이다. 사물은 순환을 피할 수 없는 법이다. 주역의 괘상도 순환하는데, 사상(四象)은 가장 단순한 순환을 보여주는 것이다. 사상을 보자.

$$⚏ \rightarrow ⚌ \rightarrow ⚎ \rightarrow ⚏$$

이것은 순환의 구조인데, 계절로는 봄, 여름, 가을, 겨울이다. 인생은 ⚎(生) → ⚌(老) → ⚎(病) → ⚏(死)이고, 사물은 ⚎(成) → ⚌(住) → ⚎(壞) → ⚏(空)으로, 세상에 존재하는 모든 것은 순환의 틀이 있다. 주식도 살펴보면 순환(주기)이 있고, 사랑을 할 때도 순환이 있고, 사업도 순환이 있는데, 그 모든 것은 ⚎ → ⚌ → ⚎ → ⚏의 틀을 갖고 있다.

주역의 모든 괘상은 각각 세상의 어떤 사물을 표상하는데, 이들 속에는 ⚎ → ⚌ → ⚎ → ⚏의 순환이 있다. 우리는 먼저 사물의 구조인 괘상을 알아야 하며, 또한 그들의 시간구조인 순환을 알아야 한다. 흔히 "맥락을 파악한다"는 말이 있는데, 이는 사물을 그 자체의 구조로서 이해하지 않고 흐름, 즉 순환구조로서 이해한다는 뜻이다.

대자연에 존재하는 사물은 잠깐씩 순환에서 이탈하고 또다시 순환으로 돌아간다. 이것도 순환의 일종이다. 무수히 많은 종류의 순환이 있는 것이다. 그중에서도 사상은 모든 순환의 뿌리에 존재한다. 주역의 괘상을 이해하기 위해서 제일 먼저 할 일은 순환구조를 파악하는 것이다. 인생에 있어서도 순환구조를 파악해야만 멀리 볼 수 있는 법이다. 우리는 순환의 바다 속에 살고 있다. 그래서 혼잡스러울 수도 있다. 하지만 모든 순환은 사상의 범위 안에 있는 것이므로, 우리는 그 주기에 적응하기만 하면 그만이다.

자연계에 존재하는 모든 사물은 순환하면서 그 상태를 유지한다는 것을 잠시 살펴보았다. 이제 예를 통해 구체적으로 순환의 내용과 그 구조를 살펴보자.

여행 계획을 잡았다. 오랜만에 친구들과 좋은 곳으로 가는 여행이어서 마음이 기분 좋게 들떠 있다. 기다리던 여행 날, 목적지에 도착했다. 기대했던 대로 좋은 곳이다. 때문에 친구들과 어울려 아주 재미있게 놀았다. 그러다 보니 점점 지쳤고 어느덧 예정된 시간도 다 되었다. 이렇게 여행은 마무리되었다. 집에 돌아와서는 정신없이 잠들고 다음날을 맞이했다. 새로운 하루가 시작되는 것이다.

이 상황은 누구나 겪어본, 아주 평범한 내용이다. 여기에는 무슨 뜻이 들어 있을까? 우리는 이 속에 있는 순환의 구조를 살펴보고자 하는 것이다. 모든 과정을 되돌아보자.

처음 여행 계획이 잡혔을 때는 좋은 기분이 충만했다. 이 상황은 사상으로 표현하면 ☷으로, 봄과 같은 상태를 말한다. 사물의 시작은 그 무엇이든 간에 ☷ 상태다. 여행지에 도착해서 기분을 마음으로 발산하며 마음껏 놀았다. 이것은 사상의 ☰에 해당된다. 계절로는 여름 같은 상태다.

이 상태를 지나자 흥이 다 가고 몸도 마음도 지친 상태로 집으로 돌아오게 된다. 이 상황은 바로 ☵이다. 가을 같은 상태로, 인생으로 말하자면 장년을 지나고 있는 것이다. 마침내 녹초가 되어 집에 와서 쓰러졌다. 이는 ☷에 해당되는데, 원점으로 돌아온 것이다. 인생에서는 노년이 되어 죽을 날을 기다리는 상태와 같다.

이 사람은 여행을 하면서 ☷ → ☰ → ☵ → ☷의 4단계를 경험했다. 아침이 되니 다시 기운이 생겼다. 이는 ☷이 된 것이다. 직장에 나가 열심히 일했다. 이는 ☰이다. 일을 마치고 지친 상태로 집으로 향했다. 이는 ☵에 해당된다. 집에 와서는 쉰다. 이는 ☷이다. 이런 식으로 순환에는 똑같은 내용이 숨어 있는 법이다.

다른 예를 보자. A씨는 가수 지망생이다. 노래가 날로 발전하여 희망이 보였다. 바로 ==인 것이다. 마침내 무대에 서게 되고 행복하게 가수 생활을 했다. 이는 ==에 해당된다. 나이가 들어 은퇴하게 되었다. 이는 ==이 된 것이다. 노래를 안 하고 오래 지냈더니 누가 알아주는 사람도 없다. 결국 ==으로 돌아온 것이다.

순환에는 어김없이 == → == → == → ==의 과정이 있다. 인생에는 꿈 많은 시절이 있고 열심히 일하는 시간이 있고 은퇴의 때가 있다. 모든 사물은 순환하고 있는데, 그 주기는 길 수도 있고 짧을 수도 있다. 또한 한 바퀴로 끝나기도 하고 계속 순환이 이어지기도 한다. 그러나 순환의 모습이 변하는 것은 아니다. 일정한 틀이 있는 것이다. 이것을 사상을 통해 다시 보자.

중병에 걸려 기력이 쇠진한 사람이 있다고 하자. 이는 ==으로 표현된다. 이 사람의 몸속에서 한 가닥 기운이 생겼다. 이는 ==으로 표현된다. 이제 이 사람은 겉으로는 아직 병들어 있지만 내면에서 생기가 샘솟기 시작한 것이다. 우리 몸이 원래 이렇게 되어 있다.

사람이 병들면 몸은 그것을 몰아내려고 어떻게든 힘을 발휘하게 되는데, 이 과정이 == → ==이다. 생물체의 경우는 이를 회복력이라고 말하는데, 전문용어로 항상성(恒常性, homeostasis)이라

고 한다. 주역에서는 이를 "궁즉변 변즉통(窮卽變 變卽通)"이라고
하는데, 모든 사물이 갖고 있는 일반적 성질이다.

　인체의 경우 면역력이 감소되었을 때 병이 길어지고 사망에
이르게 된다. 건강한 상태는 ═인데, 이 상태는 영원할 수 없는
법이다. 언제고 내면에서 탈이 발생한다. 이 상태는 ══이다. 그
리고 마침내 ══은 ══으로 변해 활력을 다 잃게 된다. 사상은 2중
으로 되어 있는데, 아래쪽이 뿌리고 위쪽은 겉모습이다.

　다른 예를 보자. 나라가 심하게 침체되어 있을 때는 ══으로
표현되는데, 뿌리인 국민이나 겉모습인 정부가 힘이 없다는 뜻
이다. 우리나라가 예전에 그랬다. 그런데 국민이 분발하기 시작
했다. 아래에서부터 활동이 시작된 것이다. 이로써 ══ 상태가 되
고 있었다. 이 상황은 정부가 이끌었든 국민이 자발적이었든 결
과가 중요하다. 뿌리 쪽에서 기운이 생겨나면 바로 ══이다.

　가정도 아이들이 잘 자라고 있으면 희망이 있는 법이다. ══
은 더욱 성장하여 ═이 된다. 기운이 충만하게 된 모습이다. 국
민이 잘 살게 되어 정부도 부유해진 것이다. 이렇게 되어 국가가
잘 살게 되었는데 국민이 잘못되고 있으면 어떻게 될까? 바로 ══
이 되는데, ══은 아래부터 썩어가는 것이다.

　예부터 나라에 훌륭한 백성이 있으면 나라의 장래가 잘되
고, 백성이 나쁘면 나라의 장래도 위태롭다. 세상은 안될 때도

희망을 잃지 말아야 하고, 잘 될 때는 경계심을 늦추지 말아야 한다. 이것이 주역의 가르침이다. 사상을 다시 보자.

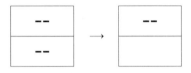

이 그림은 아래에 있는 --이 올라가고 위에 있던 --이 사라진 모습이다. 직장에서 나이든 사람이 퇴직하고 아래 직원이 진급한 경우도 이 그림이다. 아래가 비어 있는 것에 주목하라. 직원의 결손이 생긴 것이다. 새로 뽑아야 될 상황이다. 그림을 다시 보자.

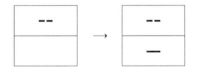

아래에 ―이 채워졌다. 이는 음이 사라지고 양이 채워지고 있는 모습이다. 음이 사라졌으니 그 반대인 양이 생긴 것이다. 아주 자연스러운 모습으로서 우주의 모든 사물이 대부분 이런 과정을 겪는다. 특히 인체와 사회는 더욱 두드러진다. 그림을 다시 보자.

이 과정은 위에 있던 음이 사라지고 아래에 있던 양이 올라가 그 자리를 차지한다. 이어 빈자리에 양이 채워졌다. 빈자리에 양이 채워진 것은 음이 사라졌기 때문이다. 그림을 다시 보자.

이 그림은 밑에 있는 것은 위로 자라나고 위에 있는 것은 수명이 다해 사라지는 것을 보여준다. 또한 위로 자라나 아래가 비면 새로운 것이 생긴다. 이처럼 양이 가면 음이 오고, 음이 가면 양이 온다. 일반적인 순환 원리를 담고 있는 것이다.

물론 양이 가고 양이 온다거나 음이 갔는데 다시 음이 오는 경우도 있다. 하지만 이는 치우친 현상이다. 치우친 현상은 오래갈 수는 없다. 자연의 섭리는 균형을 잡아가는 성질이 있기 때문이다. 여기서 이야기하는 것은 일반론이다. 세상이 순환하는 가장 간단한 모습을 보여준 것뿐이다. 하지만 대부분의 순환은 이런 모습이다. 이러한 모습이 아닐 때는 잠시 침체일 뿐이고 결국은 균형이 잡힌 순환을 회복하게 되어 있다.

우주의 사물은 이런 식으로 유지된다. 그래야 오래가기 때문이다. 순환을 놓친 사물은 쉽게 사라진다는 것, 이것이 주역이 보여주는 자연의 모습이다. 삶이란 순환을 유지해야만 지탱할 수 있는 법이다. 삶의 리듬은 바로 순환을 일컫는 것이다. 인생이 발전하려면 더욱 좋은 순환의 고리를 발견해야 한다. 순환 속에서 모든 것은 발전한다. 순환하고 있어야 더 좋은 순환으로 갈아탈 수 있다. 물론 좋은 순환이라고 해도 그 성질은 사상의 틀을 벗어날 수는 없다.

지금 주의해 봐야 할 것은 사상의 섭리 그 자체다. 이것을 응용하는 것은 전혀 다른 별개의 문제라는 것을 잊지 말자. 그래도 우리 자신이 현재 어떤 순환의 고리에 속해 있는지를 살피는 것은 보람 있는 일이 될 것이다.

순환
이론

이제 조금 더 자세히 순환 이론에 대해 살펴보자. 먼저 사상
의 전개를 파악하기 위해 다음 그림을 보자.

☶ ☴ ☲ ☳

이 그림에서 무엇이 보이는가? 다시 보자.

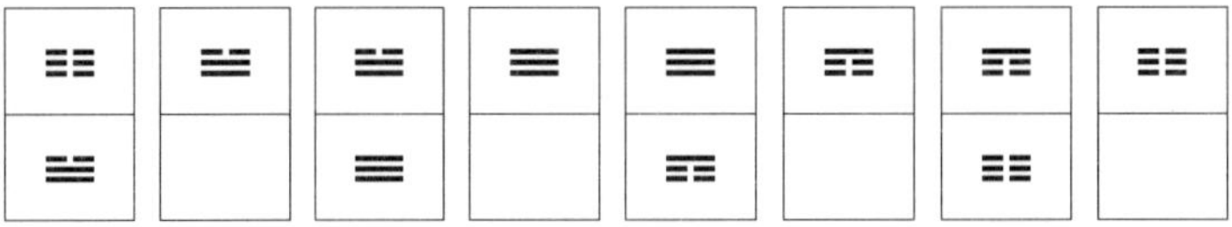

☷	☴	☴	☰	☰	☴	☴	☷
☷		☰		☷		☴	

이 모든 그림은 아래에 있던 괘상이 위로 올라가고 빈자리가 만들어진다는 것을 보여준다. 괘상이 위로 올라가는 것은 시간에 따른 변화로서 미래로 나아간다는 의미다. 또한 아래에 있던 것이 위로 성장한다는 뜻도 있다. 주역의 괘상에서 위쪽과 미래는 같은 뜻으로 쓰인다.

여기서 유의해야 할 것은 궁극(上)에 오른 괘상(사물)은 마침내 사라진다는 것이고, 그것이 사라지고 나면 그 반대의 사물이 등장한다는 것이다. 이러한 변화방식은 우주 대자연에서 가장 일반적인 현상인데, 이런 변화를 계속 이어가면 결국 제자리로 돌아와 순환을 이루게 된다. 아래 그림을 보자.

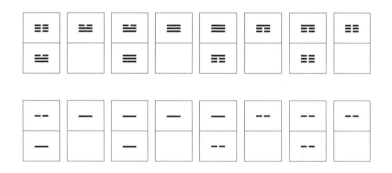

위와 아래 그림을 나란히 비교해 보자. 아래 그림은 사상을 전개한 것이다. 위와 아래 그림은 전개방식이 닮아 있다. 아래에 있는 것이 위로 올라가고, 위에 있던 것이 사라지면서 아래에 생긴 빈자리에 새로 사물이 발생한다. 대자연의 현상은 그 무엇이든 자라고(성장하고) 사라지고 새로 생기면서 이어져 간다. 이것이 바로 자연의 순환이고 우주의 역사다. 순환의 틀은 언제나 사상 그 자체일 뿐이다. 다음 그림을 보자.

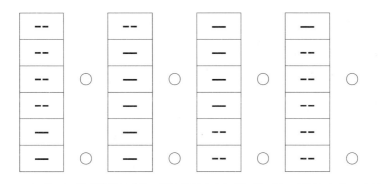

그림에서 표시한 곳을 보면 ☳ ☰ ☵ ☶으로 정확히 사상 전개다. 큰 사물이 변화할 때 그것을 이루고 있는 원소들은 각각이 사상의 순환원리를 따른다는 것을 알 수 있다. 사물은 분석적으로 보면 원래 단순한 법이다. 그런데 이러한 작은 원소들이 잡다하게 섞여서 변화하면 그 내용을 파악하기 어렵다. 하지만 큰 것들의 변화 속을 살펴보면 반드시 원리가 있고, 순환은 사상으로 이어져 있다. 다시 보자.

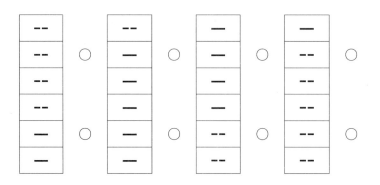

이 그림에서도 표시한 곳은 사상 전개가 이루어지고 있다. 앞의 그림에서는 제1칸과 제4칸이 짝을 이루었고, 여기서는 제2와 제5가 짝을 이루어 변화하고 있다. 1-4, 2-5는 의미 있는 짝인데, 아직 3-6이 남아 있다. 이것을 먼저 보자.

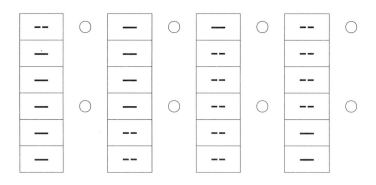

여기서도 표시한 곳은 짝을 지어 사상 전개를 유지하고 있

다. 순환 변화는 언제나 사상의 틀 속에서 이루어진다는 것을 확인하라. 괘상은 4개가 순환하고 있다. 겉으로 봐서는 잘 보이지 않는다. 그러나 각 원소를 분리해서 살펴보면 사상 전개가 나타나는 것이다.

여기서 1-4, 2-5, 3-6은 서로 짝인데, 그 이유는 이렇다. 1, 2, 3은 순서대로 지(地), 인(人), 천(天)의 성질을 갖고 있고 4, 5, 6도 그 순서대로 지, 인, 천이다. 그래서 1-4는 지(地)끼리 짝을 맺은 것이고 2-5, 3-6은 각각 인(人)끼리, 천(天)끼리 짝을 맺은 것이다. 지인천(地人天)은 소위 삼재(三才)라고 하는 것으로, 주역의 중요 개념 중 하나다. 사물은 반드시 지인천이 모여야 하나의 뜻을 이루게 되어 있다. 우리가 주역을 공부하는 이유는 사물의 뜻을 규명하기 위함으로, 뜻이 3개의 원소로 이루어져야 하는 이유는 이후에 논의할 것이다. 다시 한번 괘상을 보자.

이들 괘상은 순환하는 것을 보여주는데, 괘열(卦列)이 차례로 뜻이 변화하는 것을 알기 위해 모아놓은 것이다. 괘열은 괘상의·비교된 의미를 알기 위해 차례대로 전개시킨 것으로, 이 또한 주역의 중요한 개념 중 하나다. 괘열, 삼재, 사상 등 주역의 단어

를 하나씩 알아감으로써 이해도 깊어지게 되는 것이다. 순환괘
열 하나를 더 보자.

$$\text{☲} \quad \text{☵} \quad \text{☳} \quad \text{☴} \quad \rightarrow$$

이 괘열도 순환을 이루는 것인데, 그 부분 원소들은 역시 사
상 전개다. 그리고 여기서 괘상들의 뜻은 잠시 덮어두자. 하나의
괘상은 너무 많은 뜻을 함축하고 있어서 간단히 말할 수는 없다.
그래서 괘상끼리 무수히 비교를 해보는 것이다. 그러다 보면 괘
상의 물리(物理)가 트이게 된다.

사물이란 원래 비교를 통해서 이해하는 것이 가장 쉽다. 수
학에서는 이를 관계정의(關係定義)라고 하는데, 알고 있는 하나를
가지고 다른 것을 비교해 가면서 인지의 영역을 넓히는 것이다.

예를 들어보자. 우리는 항상 웃으며 산다. 그런데 '우습다'
의 뜻을 아는가? 모든 우스운 것의 공통성은 무엇인가? 각자가
생각해 보라. 답을 쉽게 알 수 없을 것이다. 사물은 늘 그것을 보
고 있어도 뜻은 모를 때가 많다. 그래서 다른 사물과 비교를 해
보는 것이다. '무섭다'는 감정이 있다. 이것은 '우습다'의 반대말
인가 아닌가? 쉽게 단정할 수 없을 것이다. 만일 '우습다'의 반대
말이 '무섭다'라고 한다면 두 단어를 비교함으로써 각각의 뜻을

보다 쉽게 이해할 수 있을 것이다.

여기서 답을 이야기해 주겠다. '우습다'의 반대말은 '무섭다'이다. 이는 과학자들이 오랜 세월동안 연구하여 최근에야 알아낸 사실이다. 과학자들은 사람이 어느 순간에 웃는가를 연구하다가 이를 밝혀낸 것이다. '우습다'보다는 '무섭다'가 알기 쉬운가? 그렇다면 '무섭다'를 통해 '우습다'를 알아낼 수 있다. 이렇듯 사물은 비교함으로써 이해하는 것이다.

여기서는 사물은 비교해야 알기 쉽다는 것이고, 그래서 괘열이 필요한 것이며, 그중에서도 사상 전개에 의한 괘열은 가장 알기 쉽고 또한 자연계에 가장 일반적인 순환형태라는 것만 기억하면 된다. 물론 사상순환 말고도 다른 순환도 있을 수 있다. 하지만 그것은 아주 드물다. 물론 이 문제도 앞으로 다룰 것이니, 사상의 전개를 먼저 깊이 새겨두길 바란다.

만물의
질서

세상에 존재하는 것은 그 무엇이라도 괘상으로 표현할 수 있다. 그래서 괘상을 보면 만물을 알 수 있는 것이다. 우리는 만물의 종류가 8가지인 것을 이미 알고 있다. 이제 이들을 좀 더 깊게 이해하기 위해 서로를 비교해 보자. 비교가 이해의 원천이란 것은 누차 설명한 바 있는데, 비교라는 것도 체계적으로 비교해야 이해가 쉬워진다. 다음을 보자.

䷗ ䷁

이 두 괘상은 어떻게 비교하면 좋은가? 쉽지 않을 것이다.

잠자리와 닭을 옆에 놔두고 비교하면 무엇을 알 수 있는가? 이렇듯 비교라는 것도 비약적이면 오히려 이해가 힘들어질 수 있다. 이해라는 것은 점진적으로 이루어지는데, 비교라는 것도 역시 점진적으로 이루어져야 한다. 팔괘를 비교해 보자.

☰ ☷

이 두 괘상은 서로 정반대이기 때문에 이해가 쉽다. ―과 -- 이 서로 반대라는 것을 알기 때문에 이들의 중첩이 이해가 쉬웠던 것이다.

☳ ☷

이 두 괘상은 어떻게 이해할 것인가? 느닷없다. 그래서 이해하기 위한 적당한 방법을 찾아봐야 한다. 괘상을 음양에 따라 정렬시켜 보면 어떨까? 군대에서는 병사들을 분류할 때 신장을 재서 겉보기 질서를 정한다. 키가 큰 사람부터 앞으로 세워 키가 작은 순으로 이어진다. 병사들을 아무렇게나 세워놓으면 키가 들쑥날쑥하여 보기 흉하다. 질서를 좋아하는 군대이다 보니 줄 세우는 방법도 질서 있게 하는 것이다.

우리는 괘상을 이해하기 위해 이 방법을 쓸 수 있다. 먼저 괘상의 발생을 순차적으로 살펴보자. 순차적이란 것도 이미 질서여서 괘상을 이해하는 좋은 수단이 될 수 있다. 여기에 모든 괘상을 망라하여 비교한다면 일목요연하게 괘상의 의미를 파악할 수 있게 될 것이다.

☷부터 시작하자. 이 괘상은 음기가 가장 강한 괘상으로, 음극이라고 부른다. ☷ 괘상에 양의 기운이 도래했다. 현상을 일으키고자 하는 것이다. 먼저 양의 기운이 나타난 방향을 확인하자.

이 그림은 ─이 위로부터 나타난 모습이다. 어째서 위로부터 나타난 것일까? 양이란 본시 위에 있는 존재이기 때문이다. 지금 양의 기운이 ☷의 위로부터 침투하려는 것이다. 그림으로 보자.

이 그림은 음극에 양이 도래하여 괘상을 변환시킨 것이다.
최소한의 변화다. 이렇게 해서 만들어진 괘상 ☵ 은 ☷ 보다는 위
에 있어야 할 것이다. ☵ 은 ☷ 보다 양값이 크기 때문이다.

☵

☷

이 그림은 ☵ 의 위치가 ☷ 의 위에 있는데, 위에 있을수록
양값이 크다는 뜻이다. ☵ 은 발생하자마자 자신의 신분이 정해
진 셈이다. 이제 ☵ 에서 맨 위에 있는 ━ 이 한 단계 더 깊숙이
들어갔다고 해보자.

☷ → ☵

이렇게 될 것이다. 어렵게 생각할 것 없다. 양이란 위에 있
기 때문에 위로부터 파고드는 것뿐이다. 이렇게 해서 발생한 괘
상들을 다시 정렬시켜 보자.

이 그림을 이해하겠는가? 양값이 큰 것을 위에 배치하고 음값이 큰 것은 아래에 배치했다. ☳은 셋 중에 가장 위에 있는데, 그만큼 양값이 크다는 뜻이다. 이제 여기에 양의 기운 하나가 더 찾아왔다. 그림을 보자.

이 그림은 앞서의 방식대로 위에서 양이 날아와 꽂힌 것이다. 이 방법대로 계속 이어갈 수 있다. 이렇게 되면 괘상은 점점 위로 쌓여갈 것이다. 양이 내려와 계속 아래로 침투하니 당연한 일이다. 종래에는 ☰에 도달하고 말 것이다. ☰ 이상은 없기 때문이다. 모든 결과를 나열하자.

이 그림은 양이 위로부터 내려와 ☷에 침투하여 만들어지는 괘상을 순차적으로 정렬한 것이다. 이렇게 쌓아놓고 보니 각 괘상의 뜻이 일목요연해졌다. 그림에서 ☶과 ☷ 사이에는 괘상이 없다. 이는 ☷ 다음으로 음값이 높은 괘상은 ☶이라는 뜻이다.

이것으로써 모든 괘상을 정렬한 것인가? 조심해야 한다. 우리는 ☰에서 기운이 내려와 ☷에 침투하여 괘상이 아래로부터 성장한 과정을 그린 것이다. 반대로 ☷에서 음이 올라와 ☰에 도달하면서 발생하는 괘상을 정리할 수 있을 것이다. 그게 그것 아닐까? 위에서 내려온 것이나 밑에서 올라간 것이나 결국 마찬가지일 것 같다. 하지만 차분히 확인해 봐야 한다. 우리의 생각 속에 있는 논리는 흔히 오류가 있기 때문이다. 주역 공부는 귀찮더라도 철두철미하게 해야 한다. 그래야 나중에 통달할 수 있게 되는 것이다. 그림을 보자.

이 그림에서 ☶은 ☰의 아래로 음이 침투하여 발생한 괘상
이다. ☴는 ☰의 아래로 음이 침투하여 생긴 것이다. 이와 같은
원리에 의해 괘상의 탑이 완성되었다. 이로써 괘상을 이해하기
가 훨씬 쉬워졌다.

하지만 문제가 있다. 두 개의 탑이 서로 완전히 맞아 떨어지
지 않는다는 것이다. 어찌하면 좋은가? 옛사람은 양이 우선이니
첫 번째 탑이 맞다고 주장했다. 그러나 음양은 원리가 평등하다.
두 번째 탑도 맞는 것이다.

그렇다면 절충의 방법은 없을까? 있다. 천도(天道)가 있고
지도(地道)가 있다면 인도(人道)도 있는 법이다. 이른바 삼재의 도
인데, 이것은 음양을 화합시키는 이론이다. 두 탑을 나란히 비교
해 보자.

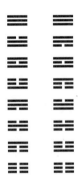

두 탑이 비교되고 있다. 각자는 존재의 권리를 주장할 수 있

다. 옛사람처럼 한쪽 편을 들면 자연의 질서를 영원히 이해할 수가 없게 된다. 우리는 자연을 제대로 이해할 수 있는 완벽한 질서를 원할 뿐이다. 진리는 정치적 산물이 아니다. 저 스스로 당연한 질서를 창출해내는 것이다. 지난 3000년 동안 인류가 주역을 제대로 이해 못했던 이유는 양 위주의 사고방식 때문이었다. 자연의 법칙은 한쪽 편을 들지 않는 법이다. 옛사람은 주역을 공부하면서도 눈치를 본 것 같다.

이제 음양 평등의 논리를 적용하자. 그것이 바로 인도(人道)다. 그림을 다시 보자.

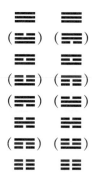

그림에서 ( )은 서로 다른 입장을 표시한 것이다. ☵ ☶ ☳ ☴인데, 이것을 주역에서는 동괘(動卦)라고 한다. 반면 ☳ ☶ ☰ ☷은 부동괘(不動卦)라고 하는데, 이는 주역의 용어로 알아두면 된다. 자, 우리는 여기서 어떻게 하면 좋을까? 그림을 다시 보자.

```
8    ☰    ☰    1
7    ☳    ☴    2
6    ☵    ☶    3
5    ☶    ☵    4
4    ☴    ☳    5
3    ☲    ☲    6
2    ☱    ☱    7
1    ☷    ☷    8
```

숫자에 주목하라. 이는 발생한 순서다. 태어나서 출생신고를 했다고 보면 된다. 이제 두 탑을 비교하여 먼저 발생한 것에 표시를 해보자. 문제되는 것을 표시하면 된다. 좌우합이 똑같으면 그것이 그들의 자리다. 현재 부동괘, 즉 ☰ ☲ ☵ ☷ 는 문제가 없다. 그래서 부동괘인 것이다. 두 탑을 비교하자.

```
8    ☰     ☰    1
7   (☵)    ☴    2
6    ☶     ☶    3
5    ☷    (☴)   4
4   (☳)    ☳    5
3    ☷     ☷    6
2    ☲    (☲)   7
1    ☷     ☷    8
```

140

두 그림에서 ☰을 보자. 오른쪽 탑에서는 2이고, 왼쪽 탑에서는 4이다. 누가 먼저인가? 2가 먼저다. 그는 이미 높은 곳에 일찌감치 자리 잡고 있는 것이다. 4는 탈락이다. 이미 등기가 되어 있는데 또다시 등기할 수는 없는 일이다. 위 그림에서 탈락될 괘상은 ( )로 표시해 놓았다. 왼쪽 탑의 ☷는 7인데, 이것이 오른쪽 탑에서는 5이다. 그래서 7을 탈락시킨 것이다. 여기서 숫자들은 자기 탑에서의 등록번호인데, 이곳에 먼저 등록된 것은 저곳에 뒤늦게 등록할 필요가 없는 것이다. 우리는 자연계에서 먼저 만들어진 것에 우선권을 주고 있다. 온 세상의 이치가 다 그렇지 않은가. 이제 그림을 다시 그려보자.

8	☰
7	☶
6	☵
5	☴
4	☲
3	☳
2	☱
1	☷

이것은 괘상의 최종적 위치다. 그동안 과정이 좀 복잡했다. 그러나 이렇게 하지 않으면 괘상을 완벽히 이해할 수 없다. 숫자

는 인도(人道)의 법칙에 의해 천지(天地)가 평등하게 자리한 것이다. 이제 이것을 사용하여 괘상을 비교하면 된다. 음극에서 양극까지 질서정연하다. 숫자들은 빌딩의 각 층으로 생각하면 될 것이다. 이렇듯 괘상들도 존재하는 계층이 있다. 각 괘상의 뜻은 내면을 분석할 수도 있고 이웃하는 괘상들과 비교할 수도 있다. 안팎으로 이해하는 방식이다.

이로써 괘상의 의미가 더욱 새로워졌는데, 이 괘상을 가지고 우리가 사는 지구에 적용해 보자. 지구의 바닥에는 땅이 있을 것이다. 저 깊숙한 바다 속이 가장 아래인 것이다. 그 위에 해령(海嶺), 즉 바닷속의 산이 있다. 그 위에 물이 있다. 이것을 바다라고 한다. 바다 위에는 대륙이 있다. 대륙은 밝다. 그 위에는 바람이 불고 있다. 그 위를 하늘이라고 부른다.

☰ 하늘
☴ 바람
☲ 밝음
☷ 대륙
☵ 바다
☶ 바닷물
☶ 산(바닷속)
☷ 땅(바닷속)

이상으로 괘상의 현주소를 살펴보았다. 다른 논리로도 이 주소를 추출해낼 수 있는데, 그것까지 지금 거론할 필요가 없을 것이다. 위에 괘상이 도출된 과정이 복잡했다면 최종 순서만 기억해도 좋다. 다만 주역을 통달하기 위해서는 과정을 이해해 두는 것이 좋을 것이다. 하나의 논리는 다른 곳에서 또 사용되기 때문이다.

나는 이상의 괘열탑을 '단군팔괘도'라고 부른다. 단군이 만들었다는 뜻은 아니다. 그저 편의상 붙인 이름이라고 생각해도 좋고, 단군을 존경하는 마음을 표현한 것이라고 해도 좋다. 예를 들어 도로명 중에는 세종로가 있는데, 이는 세종대왕을 기리기 위해 그렇게 명명한 것뿐이다. '단군팔괘도'라는 이름 역시 그와 비슷하다고 생각하면 될 것이다.

잠시 다른 곳으로 흘렀는데, 중요한 것은 단군팔괘도 자체의 내용이다. 후에 알게 되겠지만 단군팔괘도의 괘상들은 또 다른 심오한 원리에 의해 탄생한 것이다. 하나의 진리는 다른 곳에서도 얼마든지 다시 출현할 수 있는 법이다. 아무튼 일단 팔괘의 질서를 잡아놓았다. 더 앞으로 나아가자.

하늘과
땅과
사람

    오래전 일이다. 친지 A씨가 결혼을 한다고 했다. A씨는 40대 초반이었는데, 10여 년 연애를 이어가다가 마침내 결혼한다는 것이었다. 잘된 일이어서 나는 축하한다고 말해주었다. 그런데 A씨가 뜻밖의 말을 하는 것이 아닌가!

    "축하한다고요? 선생님, 저는 솔직히 죽고 싶은 심정이에요. 결혼이 싫다고요."

    "뭐? 어째서?"

    "저는 정말 어쩔 수 없이 결혼하는 거예요. 전 지금이라도 결혼이 깨졌으면 좋겠어요."

세상에나, 이런 운명이 있다니. 불행한 일이지만 세상에는 실제로 이런 경우가 적지 않다. 어째서 이런 일이 발생하는 것일까? 간단한 이유가 있다. 남녀가 10여 년을 연애했다면 싫증이 날 만큼 났을 것이다. 특히 남자는 여자와 오래 연애를 하다 보면 싫증이 나게 되어 있다. 그것이 바로 남자의 마음이다.

남자는 항상 새로운 여자를 추구한다는 것이 생물학자 리처드 도킨스(Richard Dawkins)에 의해 밝혀져 있다. 주역에서 남자의 바람기는 양의 본성이라고 하는데, 양은 언제나 새로움을 향해 나아가는 존재다. 생물학이든 주역이든 남자가 오래 본 여자에 대해 싫증을 낸다는 것은 잘 알려져 있다.

나는 A씨에게 물었다.

"결혼이 싫은데 왜 결혼을 하려는 거지?"

A씨가 대답했다.

"의리 때문에요."

"의리……?"

A씨는 솔직히 자기 심정을 이야기한 것이다. 현재 상대방 여자를 별로 좋아하지 않지만, 10여 년 동안이나 연애를 했으니 결혼을 할 수밖에 없다는 것이다. A씨의 말이 맞기 때문에 나는 더 길게 말하지 않았다.

싫증과 의리. 이것은 도대체 무슨 뜻이 있는 것일까? '사랑

한다'거나 '싫증난다'는 것은 본능이고 현재 진행형 사실이다. 사람은 둘 중 어떤 것을 따라야 하는가? A씨는 결혼하기 싫어 죽고 싶다고까지 말한다. 그것은 너무나 슬픈 일로서 상대방이 이 사실을 알면 정말로 큰 상처를 받을 것이다. 그 남자는 그나마 의리를 지켜 결혼은 하겠다는 것으로, 그 후 삶은 운명에 맡길 것 같다.

A씨는 상대 여자가 지금은 좋지 않지만, 그동안은 사랑해 왔다. 난감한 일이지만 여기서 주역의 논리를 등장시켜 보자. 본능은 지도(地道)의 개념이고, 의리는 천도(天道)의 개념이다. 천도와 지도는 우주를 지배하는 절대 원리다. 천도란 무엇인가? 높은 곳에서 바라본 원리다. 의리라든가 정의, 도덕 등을 말한다. 천도란 양의 입장에서 세상을 사는 방법이다. 반면 본능은 지도로, 낮은 곳에서 바라본 원리다. 본능이나 이익, 현실, 돈, 힘, 명성 등이 지도에 속하는데, 음의 입장에서 살아가는 방법이다.

결국 세상의 모든 일은 양이냐 음이냐에 귀결된다. 둘 중에 어떤 것을 취하는 것이 옳을까? 본능을 따르자니 양심이 부끄럽다. 의리를 따르자니 삶이 힘들다. 둘 중 하나를 취해야 하는 현실 속에서는 괴롭기 그지없다.

이와 같은 문제를 세계적인 정신과학자 그레고리 베이트슨(Gregory Bateson)도 다룬 적이 있는데, 그는 이를 이중구속(double

bind)이라고 불렀다. A씨는 죽느냐 의리를 지키느냐의 이중구속
상태에 있었던 것이다.

A씨는 다행히 의리로 결정을 봤으나, 만약 이러지도 저러지
도 못하면 사람은 미치게 된다. 베이트슨은 이처럼 사람이 미치
는 원인을 이중구속 때문이라고 보았다. 그런데 모든 이중구속
은 그 본질이 있다. 어떠한 이중구속이든 그 내용에는 공통적인
성질이 있다는 뜻이다.

그것은 바로 음양이다. 다시 말해, 천도와 지도다. 당초 이
중구속이 있는 것은 그것들의 성질이 양과 음으로 나뉘어 있기
때문이다. 언제나 문제는 양과 음의 입장이 다르다는 것이다. 이
문제에 맹자는 이렇게 말했다.

"선은 물이요 악은 불이니, 선이 악을 이기는 것은 물이 불
을 이기는 것과 같다. 그러나 한 바가지의 물로 한 수레의 불을
끌 수 있겠는가(仁之勝不仁也 猶水勝火 猶以一杯水 救一車薪之火也)!"

맹자는 작은 의리(천도)를 위해 큰 손해(지도)를 보는 것은 옳
지 않다는 것을 피력한 것이다. A씨에게 적용해 보면 그 여자와
결혼함으로써 정말로 자살을 하게 되거나 미쳐버린다면 10년 연
애를 했어도 의리상 결혼해서는 안 된다. 하지만 그 여자를 싫어
하는 정도라면 결혼해야 한다는 것이다.

A씨는 결혼했다. 결국 그 이후의 일은 운명에 달린 것이다.

이런 것을 절충(折衷)이라고 하는데, 곧 인도(人道)를 의미한다. 우주의 모든 작용은 음양의 작용일 뿐이다. 거기에는 우선순위가 없다. 옛사람은 천도, 즉 양의 도리를 취했던 것 같다. 현대인은 대개 의리고 뭐고 다 필요 없고 이익을 따를 뿐이다. 즉 지도, 음의 입장을 취하는 것이다.

음양 중 무엇이 옳으냐는 없다. 그래서 음양이 필요하다. 우주는 치우치는 것을 경계한다. 인도란 음도 아니고 양도 아니다. 노자는 말했다.

"도는 하나를 낳고, 하나는 둘을 낳고, 둘은 셋을 낳으며, 셋은 만물을 낳는다(道生一, 一生二, 二生三, 三生萬物)."

여기서 1은 천(天, 하늘)이고, 2는 지(地, 땅)이며, 3은 인(人, 사람)을 말한다. 3은 절충이고 조화다. 주역의 모든 괘상은 양극과 음극이 있으며 그것들의 조합이 있다. 세상을 살아가려면 양의 도리를 알아야 하고 음의 도리도 알아야 한다. 또한 이를 조화시킬 수 있어야 하는 것이다. 그것을 중용(中庸)이라고도 말한다. 주역은 세상의 모든 사물을 64가지로 나타냈고 그 안에서 모든 경우를 설명했다. 대자연은 간단히 말하면 천지인 삼재이고, 자세히 말하면 64괘일 뿐이다.

3

64괘의 시작,
군주괘

12개의
특별한
괘

주역은 궁극적으로 대성괘 64개의 뜻을 완벽하게 파악하는 데 있다. 그렇기 때문에 대성괘를 하나씩 정복해 나가는 것이 그 무엇보다도 중요할 것이다. 물론 이렇게 되기까지는 세세한 주역이론을 알아야 하지만, 무엇보다 64괘를 깨닫는 것이 가장 급한 일이다. 우리는 64괘를 향해 계속 나아갈 것이다.

먼저 다음 괘열을 살펴보자.

이 괘열은 확실한 질서가 있다. 괘상의 배열에 특징이 있어
서 쉽다.

이 괘열은 '군주괘(君主卦)'라는 것으로, 64괘 중 가장 알기
쉬운 것이다. 옛사람은 이것을 '12소식괘(十二消息卦)'라고도 불
렀으며, 이를 1년 12개월의 의미를 부여하는 데 사용했다.

군주괘의 괘열은 서로 비교하기 참 좋다. 점진적으로 양기
가 성장하다가 다시 소멸해 가는 모습이기 때문이다. 물론 음기
가 성장해 가다가 다시 소멸해 간다고 말해도 된다. 밝은 것이
가면 어두운 것이 오고 어두운 것이 가면 밝은 것이 온다는 뜻이
다. 저 하늘의 달이 이런 과정으로 순환한다. 군주괘를 순환의
형태로 배열해 보자.

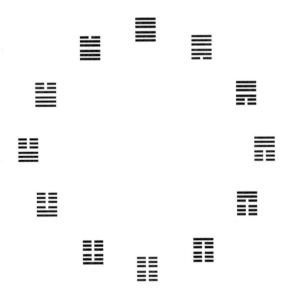

이 그림은 앞에서 직선으로 배열한 것보다는 의미가 더 크다. 양기가 많은 것은 위쪽에 있고 음기가 많은 것은 아래쪽에 배치되어 있기 때문이다. 순환의 형태로 배열하여 이웃 괘상들과 비교할 수 있으며 또한 높낮이에 따른 의미를 한눈에 확인할 수 있다.

그리고 순환이란 위아래 쪽만 의미가 있는 것이 아니라 좌우도 의미가 있다. 즉 순환도는 모든 지점이 과학적으로 확실한 의미가 있다. 그래야 그림에 뜻이 있는 것이다. 주역의 도표는 미술 디자인이 아니다. 수학 좌표다. 이 순환도에서 좌우로 배치된 괘상들의 의미는 시간의 흐름과 관련된 내용인데, 차차 이야기할 것이다.

지금은 단순히 양은 위쪽, 음은 아래쪽에 배치된다는 것을 알면 된다. ☰이 가장 높다는 것은 양극이란 뜻이고, ☷가 가장 낮다는 것은 음극이란 뜻이다. 아직 나오지 않은 괘상들은 실제 현상의 예를 들어가면서 풀어나갈 것이다.

괘상을 볼 때는 2가지에 유의해야 한다. 첫째는 괘상이 다른 어떤 괘상들과 비교되는지이고, 둘째는 괘상 자체가 갖는 뜻이다. 여기서 첫째라는 것은 그 중요성이 높다는 것이다. 괘상 자체의 뜻보다 비교가 더 중요하다는 것은 앞에서도 설명한 바 있다. 비교를 통해 정의를 내리는 것을 관계정의라고 하는데, 사실 사물은 관계만 잘 알아도 그 구조는 저절로 드러난다.

그래서 주역의 괘상을 이해하는 데는 그 자체의 뜻보다 관계가 더 중요한 것이다. 자체의 구조를 분석하다 보면 오류도 있게 되고 자의적 해석도 발생한다. 즉 객관성을 잃게 된다. 하지만 비교를 통해 점차적으로 이해하면 자신의 의미가 흔들릴 수가 없다.

예를 들어 5개의 주소가 있다고 하자. 즉 '1, 2, 3, 4, 5' 이렇게 쓰여 있는데, 4자가 잘 안 보인다고 하자. 이럴 때 우리는 3과 5를 보면서 그 중간이 4임을 알게 된다. 주역의 괘상도 이런 식으로 이해해 가면 어렵지 않다. 그리고 재미있다. 이제 군주괘를 우리 인생과 비교하여 여러 각도로 조명할 것이다.

매력이라는
힘

세상을 움직이는 힘은 무엇일까? 물론 인간이 살고 있는 사회에서 말이다. 우주라면 만유인력이라든가 암흑에너지, 전자기, 운동에너지 등 많은 힘이 있다. 하지만 사회에는 우주하고는 다른 종류의 수준 높은 힘들이 존재하고 있다.

제일 먼저 들 수 있는 것은 법(法)인데, 이것은 인간의 행동을 제한하고 있는 보이지 않는 힘이다. 또 다른 힘으로는 권력이나 도덕, 학력이나 재력 등도 있다. 그 외에 또 다른 어떤 힘이 있을까?

매력(魅力)이라는 힘이 있다. 매력은 흔히 육체나 외모 등에서 나오는 힘이다. 하지만 인간의 매력은 몸에서 나오는 것 말고도 많이 있다. 예를 들어 정신에서 나오는 매력이 있는데, 이는 미모 이상의 힘을 발휘한다. 남녀를 떠나서 인간의 내면에 잠재되어 있는 이 매력이라는 것에 대해 알아보자.

사람은 누구나 어린 날을 보내고 본격적으로 사회에 등장한다. 그러고 나서 생존경쟁이 시작되는 것이다. 대개는 직장에서 누가 먼저 좋은 위치에 가느냐를 두고 경합한다. 이른바 출세다.

출세의 조건은 무엇일까? 어떤 사람은 열심히 일했는데도 출세가 안 되는데, 어떤 사람은 별로 어렵지 않게 쑥쑥 성장한다. 여기에는 그 사람의 실력이 우선 좌우할 것이다. 그러나 실력이나 노력 말고도 사람을 출세시키는 또 다른 힘이 있다. 그것이 바로 매력이다. 기실 매력은 인간의 어떤 힘보다도 위력이 있다. 매력 있는 사람은 분명 남보다 먼저 출세한다.

매력은 과연 무엇일까? 쉽게 말하면 인간이 이끌리는 힘이다. 매력이 있으면 그 사람과 함께 있고 싶고, 무엇인가 그 사람에게 베풀고 싶다. 그래서 당연히 출세가 빨라진다. 사업을 하는 사람도 매력이 있으면 사람이 모여들어 어렵지 않게 성공하게 된다.

매력! 사람을 끌어들이는 힘, 그것을 생각해 보자. 여러분들은 각자 여러 가지로 생각해 볼 수 있다. 어떤 사람이 매력이 있는 것일까? 내 주변에 특별히 매력 있는 사람은 누구였고, 그는 어째서 매력이 있었던 것일까? 사람마다 느끼는 매력은 조금씩 다를 수 있다. 나는 A씨 같은 사람이 매력 있어 보이는데 다른 사람은 B씨 같은 사람을 매력 있다고 보는 것이다. 세세한 것을 다 따질 수는 없다. 여기서는 보편적인 매력의 내용을 따져보자.

어떤 사람이 매력 있는가? 먼저 매력 없는 사람은 어떠했던 가? 흔히 말하는 재수 없는 사람이 있다. 매력이 있을 리가 없다. 항상 풀 죽어 있는 사람이 있다. 이 사람도 매력이 없다. 저만 잘났다고 꼴값을 떠는 사람은 어떤가? 매력이 전혀 없다. 예의 바르고 겸손한 사람은 어떨까? 괜찮다. 하지만 딱히 매력 있다고 단정하기는 어렵다. 출랑대는 사람은 어떤가? 상대하기도 싫다. 음식을 먹을 때 쩝쩝대는 사람은? 밥맛이 떨어진다. 도둑은 어떤 가? 나쁜 놈이다. 매력은커녕 잡아 없애야 한다. 사기꾼은? 강간 범은?

우리는 매력 없는 사람을 아주 많이 알고 있다. 그 반대가 매력 있는 사람일 텐데, 어째서 딱 부러지게 매력을 말하지 못하는 가. 그것은 매력 있는 사람이 드물어서 본 적이 별로 없기 때문일 것이다. 나는 어떤 사람을 본 적이 있다. 힘이 넘치고 품위 있게 보이던 A씨인데, 그에게서 어느 날 매력이 사라져버렸다. 힘이 쭉 빠지고 볼품없어진 것이다. 여기에 힌트가 있다.

매력이란 힘이 넘치는 사람에게 있다. 항상 풀 죽어 있는 사람은 영 보기 싫다. 즉 매력이 없는 것이다. 007시리즈의 제임스 본드는 어떤가? 그는 매력이 있다. 힘이 넘치기 때문이다. 나폴레옹은 어떤가? 그는 매력이 있다. 힘이 넘치는 지도자였던 것이다. 스탈린은 어떤가? 그는 힘은 있었으나 나쁜 놈이기 때문에 매력을 다 까먹었다. 매력은 분명 힘이 넘쳐야 하지만 그 힘이 남을 해치면 매력도 사라지는 법이다. 공자는 이렇게 말했다.

"군자는 위엄은 있으되 사납지는 않다(君子 威而不猛)."

제임스 본드나 나폴레옹은 힘은 넘쳐났으나 사납지는 않았던 것이다. 카리스마가 넘친다는 말이 있다. 연예인이나 정치인에 대해 흔히 하는 표현이다. 이는 힘이 넘친다는 뜻이다. 매력은 힘이 넘치는 법이다. 그래서 매력은 곧 위력이 될 수 있는 것이다.

이쯤에서 주역의 괘상을 등장시켜 보자. 뇌천대장(雷天大壯, ䷡)이란 것인데, 이 괘상은 매력의 뜻을 보여준다. 뇌천대장은 우레가 하늘 위에서 당당하게 움직이는 모습이다. 양의 기운(―)이 위로 솟구치고 있지 않은가.

매력 있는 사람은 생명력이 넘치기 때문에 그 사람 곁에 있고 싶어진다. 왠지 기분이 좋기 때문이다. 매력은 여러 종류가 있다. 하지만 종류와 상관 없이 그 중심에는 힘이 있다. ䷡은 힘이 충만하여 밖으로도 스며 나오는 것을 뜻한다. 공자는 이 괘상에 대해 다음과 같이 말했다.

"하늘 위에 우레가 있는 것이 대장이니, 군자는 이 괘상을 보고 예가 아니면 행동하지 않는다(雷在天上 大壯君子以非禮弗履)."

공자가 설명한 것은 인간의 품위였다. 위엄을 뜻하는 것이다. 군자는 위엄이 있으되 사납지 않다고 한 것이 바로 이것이다. 품위, 이것은 힘이 넘쳐야 가능하다. 당당한 모습은 아름답게 빛난다. 카리스마도 이것을 뜻한다. 힘이 넘치는 사람은 왠지 매력이 있어 보인다. 그와 함께 있으면 나도 그렇게 될 것 같기 때문이다. 우울증에 걸린 사람이 매력이 없는 이유는 나마저 힘을 빠지게 만들기 때문이다.

지도자는 당연히 힘이 넘쳐야 한다. 출세를 하려고 한다면 힘차 보여야 하는 것이다. 여러분 같으면 항상 김빠져 있는 사람을 진급시켜 주겠는가? 사람을 따르게 하는 매력은 힘이고, 또 힘이 있으면 사람이 따르는 법이다. 돈 있고 권력 있는 사람이 매력 있어 보이는 것도 힘이 있다는 것에 다름 아니다.

괘상 ䷡은 높은 곳에서 힘차게 움직이는 모습인데, 이는 내재된 힘이 있기 때문이다. 공자는 인간의 품위 있는 자세에서 힘이 나온다고 말한 것이다. 내면의 힘이 없으면 인간은 품위가 없고 행동이 경박하게 된다. 공연히 잘난 척하는 사람은 내면에 힘이 없기 때문에 '척'을 하는 것뿐이다. 진정 힘이 있는 사람은 저절로 그것이 드러나기 때문에 남에게 보이려고 애쓸 필요가 없다. 실제로 힘을 갖추어나가는 것이 매력을 갖추는 것이다.

주역의 괘상은 그것을 통해 만물의 뜻을 알게 하는 것이지만 여기서 그쳐서는 안 된다. 우리는 주역의 괘상을 통해 만물의 이치를 알고 또한 그것을 몸소 실천해야 할 것이다. "알고 또한 행한다." 이것이 주역을 공부하는 이유다.

사자의
마음

　사자는 동물의 왕이다. 그는 어떤 마음을 가지고 살아가는
것일까? 동물학자가 한 가지 실험을 했다. 상자 하나를 사자와
함께 놔두고 이를 관찰한 것이다. 사자는 상자 속으로 쏙 들어갔
다. 꽉 맞는 상자였는데, 사자는 불편도 느끼지 않는지 편안한
모습으로 머물러 있었다. 자기 몸을 감추고 있는 것이다.

　남의 눈에 띄지 않게, 또는 남이 그 속으로 들어오지 못하게
하기 위함이다. 세상이 무서워서는 절대 아니다. 막강한 힘을 가
진 사자가 무서워할 것이 무엇이 있겠는가. 사자는 그저 숨어 있
을 뿐이다. 군사용어로는 은폐(隱蔽)와 엄폐(掩蔽)다. 사자는 원래
부터 강자이지만 약한 듯 행동하고 있는 것이다.

나도 비슷한 실험을 해봤다. 감히 사자를 가지고 실험할 수는 없는 일이어서 대신 고양이를 이용했다. 실험은 고양이 몸에 꽉 끼는 나무통이었는데, 처음에는 답답해서 당장 튀어나올 것으로 예상했다. 하지만 고양이는 그곳에 계속 머물렀다. 상자 속에 들어가기 전에 신나게 뛰어놀던 고양이가 그 속에 들어가자 놀던 것도 잊어버리고 잠잠히 상자 속에 머물렀다. 고양이는 밀실공포도 느끼지 않는가 보다. 사자도 마찬가지다. 이들은 생물학적으로 계통이 같다. 그래서 성품도 같은 것이다.

사자의 성품은 무엇이라고 말해야 하는가? 동물학자라면 한참 설명했을 것이다. 그러나 주역은 사자의 성품을 한마디로 표현할 수 있다. ☱인 것이다. 연못처럼 담겨 있는 성품, 이것이 사자의 본 모습이다. ☱는 침착함을 뜻한다. 또한 도사린다는 뜻이 있다. ☱ 괘상의 구조를 보면 양의 기운(⚊)이 음(⚋)의 아래에 잠복해 있는 것이 보인다. 출랑대는 것하고는 완전히 대조를 이루는 성품이다.

그런데 사자는 자신의 성품이 ☱인데도 이것마저 깊은 곳에 놔두고 싶어 한다. 땅 속에 들어가 있는 침착, 그리고 도사림이다. 이를 주역의 괘상으로 표현하면 지택림(地澤臨, ䷒)이다. 양의 기운이 깊은 곳에 쌓여 있는 것이다. 사자는 기운을 감추고 있건만 숨어 지내기를 좋아한다. 무술의 고수도 바로 이런 자세를 취

한다. 무술의 고수는 사자와 닮아 있지 않은가. 고수는 무서울 것이 없는 존재다. 그런데도 자신을 드러내는 것을 피한다.

실력이 있는 사람의 모습이 원래 이렇다. 아는 것이 적은 사람은 자신을 드러내기 위해 몹시 부산스럽다. 시끄러운 사람은 실은 내면 세계가 부실한 사람이다. 사자나 무술의 고수, 그리고 학문이 깊은 사람은 자신을 감추기를 좋아한다. 도사리고 있는 것이다. 도사린다는 말은 때가 아닐 경우 자중하고 있다는 뜻이다. 힘이 있다고 아무 때나 불쑥 나서면 흉한 일을 당할 수가 있다. 세상이 얼마나 다양하고 무서운 곳인지를 알아야 한다. 사람이든 짐승이든 마찬가지다. 사자는 동물의 왕으로서 그에 걸맞은 성품을 가지고 있는 것이다.

지택림(䷒) 괘상은 도인들이 수행을 할 때 가장 기본으로 삼는 자세다. 힘이 있으되 그것을 밖으로 드러내지 않으면 낭비되지 않고 그 힘은 점점 더 쌓이는 법이다. 사람이 집에서 쉬는 이유도 바로 이 때문이다. 아직 힘이 남아 있건만 집 속에서 휴식함으로써 그 힘을 더욱 키우고자 함이다. 이것이 바로 ䷒의 가르침인 것이다.

나서지 않고 때를 기다리는 자세는 사자의 본능 그 자체다. 사자는 원래 토끼 한 마리를 잡을 때도 최선을 다한다. 약한 동물이라고 깔보지 않는다. 그리고 또한 자신의 힘이 넘치건만 그것을 깊숙이 간직하고 있다. 우리 인간도 본받을 만한 성품이 아닐 수 없다.

괘상 ䷂은 위에 땅이 있고 아래에 연못이 있다. 이는 심연(深淵)을 상징하는 모습으로, 사람이 행동을 삼가고 평정을 유지하는 것이 바로 이 괘상의 의미다. 사자는 걸음걸이마저 평정을 느끼게 한다. 마음을 깊숙이 가두어놓았기 때문에 그렇게 느껴지는 것이다.

저 옛날 관우의 모습이 이러했다. 인격자의 모습도 이와 같다. 나는 사자를 바라보기를 좋아한다. 사자를 보면서 내 자신의 인격을 반성할 수 있기 때문이다. 사자만큼 평정한가? 남이 알아주지 않는다고 화를 내고 있지는 않은가? 아무래도 나는 사자의 마음을 능가할 수는 없는가 보다. 그러나 나는 항상 괘상 ䷂을 음미하며 지낸다. 내 자신이 그러한 상태가 되도록.

운명은
있는가?

우선 운명이 무엇인지를 알아보자. 사람에 국한시키지 말고 우주 모든 만물의 운명에 관해서 보자. 운명이란 과연 무엇일까? 간단히 말하면 미래에 일어날 일이 정해져 있다는 것이다. 인간 사회로 말하자면 스케줄 같은 것이다.

4년마다 열리는 올림픽도 스케줄로, 인간에 의해 그때 열리도록 예정되어 있다. 우리나라의 대통령 선거는 5년마다 치러지도록 예정되어 있는데, 이런 것들이 바로 미래의 스케줄이다. 누구와 만나기로 약속한 것 역시 미래의 스케줄인데 이런 것도 조금 신비하게 말하면 운명이다. 어떤 사람이 누구와 결혼하기로 되어 있다면 이것도 운명이라고 말한다.

운명이란 누가 그것을 알든 모르든 상관하지 않는다. 정해진 것이 바로 운명이다.

이제 운명에 대한 정의가 내려졌으니 제대로 물어볼 수가 있다. 운명은 있는가? 이 질문은 미래에 정해져 있는 것이 있는가를 묻는 것이다. 거기에 대한 대답은 '있다'다. 오히려 미래가 정해져 있지 않은 사물은 아주 드물다. 미래는 대부분의 사물에게 있어서 필연적이다. 물론 이는 미래가 반드시 정해져 있다는 뜻은 아니다. 이 문제를 심도 있게 고찰해 보자.

자연과학에서는 미래가 정해져 있지 않다고 밝히고 있는데, 이는 불확정성원리(uncertainty principle)에 의한 결과다. 미래란 이럴 수도 있고 저럴 수도 있다는 것이다. 하지만 이는 아주 미세한 세계에서의 일이다.

예를 들어보자. 내일 백두산이 거기에 있을 것이 예정되어 있는가? 그건 잘 알 수 있다. 관우와의 약속은 지켜질 것이 예정되어 있는가? 있다. 관우는 믿을 수 있다. 하지만 애인과 약속한 것은 지켜질 것이 예정되어 있는가? 예정되어 있다고 볼 수가 없다. 그때 가봐야 안다. 올림픽은 그때 가서 열리게 될 것인가? 국제적 예정이니 열린다고 봐야 한다.

그렇다면 여기서 예정된 것을 비교해 보자. 비교라는 것은 언제를 막론하고 사물을 밝혀내는 좋은 수단이 된다. 올림픽은 4년 후에 열린다. 예정이 그렇다는 말이다. 설악산도 4년 후에 그 자리에 있을 것이 예정되어 있다. 두 예정 중에 어떤 것이 더 확실한 예정일까? 설악산이 4년 후 그곳에 있을 것이 더 확실한 예정이다. 예정에도 차이가 있는 것이다.

자연과학에서는 '미래에 반드시 일어난다'와 '반드시 안 일어난다'를 규정할 수 없다는 원리가 있다. 이는 슈뢰딩거의 파동함수(wave function)라는 것에 내재된 개념인데, 모든 것은 존재할 확률에 의해 정해진다는 것이다.

남자가 임신할 확률은 있는가? 있다. 적을 뿐이다. 내가 대통령이 될 확률이 있는가? 있다. 아주 적은 것이 문제일 뿐이다. 4년마다 열리는 올림픽이 안 열릴 수 있는가? 충분히 그럴 수 있다. 하지만 내기를 한다면 나는 열리는 쪽에 걸고 싶다. 열릴 확률이 안 열릴 확률보다 크기 때문이다. 세상에는 모든 것이 예정되어 있는 것이다. 물론 어느 정도의 크기로 예정되어 있을 뿐이다. 어쨌건 예정은 예정이다.

내년도에 봄이 다시 올 것이 예정되어 있을까? 그렇다. 하지만 그 확률이 100퍼센트는 아니다. 99.9999999퍼센트 정도는 될 것 같다. 망치로 안경을 내리쳤다고 해보자. 0.0....1초 후에 깨지겠는가, 아니면 멀쩡하겠는가? 아마도, 아니 확실히 깨지지 않겠는가.

우주는 예정으로 가득 차 있다. 어떤 것은 강하게, 또 어떤 것은 약하게 예정되어 있을 것이다. 그리고 바로 앞날에 예정되어 있는 것도 있고 먼 미래에 예정되어 있는 것도 있을 것이다. 아무튼 예정이란 우주의 운행상 절대적 섭리다. 이는 만물의 작용이 시간 속에 일어나기 때문이다. 작용에는 시간이 걸린다. 어떤 사물이든 어떤 결과로 나아가고 있는 것은 분명하다. 단지 그것을 인간이 모를 뿐이다.

물론 미래의 방향이 없는 현상도 있다. 이것은 하이젠베르크의 불확정성원리에 잘 묘사되어 있는데, 이는 미시적(微視的) 세계에서 일어나는 현상이다. 1억 분의 1의 먼지같이 작은 세계에서의 일이다. 설악산처럼 큰 사물에게 있어서 미래는 대체적으로 정해져 있다. 관우의 약속도 실행될 것이 확실시된다. 하지만 애인과의 약속을 100퍼센트 믿어서는 안 된다.

운명이란 이렇듯 정해진 크기가 있을 뿐이지 운명이 있다는 사실 자체는 논의의 대상조차 되지 않는다. 정해져 있지 않았던 것이 우주에 실현된 것이 있는가? 지나간 것을 역사라고 말하듯이, 아직 오지 않은 미래는 운명이라고 말해야 한다. 과거가 있듯이 미래가 있다. 미래가 있으면 바로 운명이 있는 것이다.

머리에 총알이 관통한 사람은 몇 시간 안에 죽을 운명인가?

그렇다. 올림픽은 열릴 운명인가? 그렇다. 마구 죄를 짓는 사람
은 법의 처벌을 받을 운명인가? 그렇다.

이처럼 운명은 있다. 다만 그것을 알아낼 방법이 문제일 뿐
이다.

과학자들은 자연의 법칙을 발견하고 그것을 응용함으로써
현상을 예측할 수 있다. 더 정확히는 예측하려고 노력하고 있는
것이다. 점쟁이들은 태어난 시기를 따져 운명을 예측할 수 있다
고 주장한다. 미래를 알면 유용하기 그지없을 것이다. 주식의 경
우 미래의 값을 알 수만 있다면 일거에 부자가 될 수 있으니 애써
일을 할 필요도 없어진다. 운명의 경우 만약 이혼을 하게 될 것이
예측되어 있다면 돈 들여서 결혼하려고 애쓰지 않아도 좋다.

미래를 안다는 것은 인류의 염원이다. 미래를 알 수만 있다
면 전쟁도 예방할 수 있고 사업도 가려서 할 수 있으니 인류가
하는 일은 효과가 극대화될 수 있을 것이다. 하지만 미래를 아는
것은 참으로 어려운 일이다. 호킹 박사는 "자연은 미래를 아는
것을 금지시키는 것 같다"고까지 하면서 미래 예측이 불가능함
을 주장했다.

그러나 문명이 발달함에 따라 미래를 밝혀내는 일이 불가
능하지만은 않게 되었다. 예를 들어 일기예보는 미래를 예측해

내고 있다. 과학자들은 화산폭발이나 지진 발생을 미리 알아냄으로써 재해를 예방한다. 공상과학 소설에서는 미래를 보기도 하고 아예 미래에 직접 가보기도 한다.

여기서 생각해 보자. CD 한 장이 있는데 여기에 당신의 미래가 완벽히 수록되어 있다고 하자. 이럴 때 당신은 이 CD를 보기를 원하는가? 나는 결단코 보지 않을 것이다. 미리 알아서 어쩌란 말인가. 사는 재미가 없어질 것이다. 나는 앞으로 생길 중병에 대해서조차 미리 알고 싶지 않다. 불행을 먼저 알아서 미리 괴로워할 필요가 없기 때문이다. 하지만 운명 전부는 아니더라도 어떤 부분에 대해서는 미리 알고 싶기도 하다.

우리는 길을 걸어갈 때 앞에 보이는 길이 어디로 연결되어 있는지, 그 길에 현재 무엇이 있는지 알고자 한다. 이것은 공간상에 일어나는 일을 살피는 것이다. 반면 미래를 살피는 것은 시간 상의 일이다. 둘 다 미리 아는 일인데, 이로써 대비를 하거나 바꿀 수 있다. 다만 미리 아는 것이 쉽지 않다.

공간 상의 일은 우리의 감각이나 과학 장비를 사용하여 상당 부분 알아낼 수 있다. 하지만 시간 상의 일은 한치 앞도 내다볼 수 없다. 그래서 인류는 오랜 옛날부터 미래를 아는 방법을 찾으려 애써왔다. 소위 신통력이라는 것이 있는데 이는 생명체가 가지고 있는 능력의 연장선상에 있는 기능이다. 그러나 그 기능을 작동시키는 것이 쉽지는 않다.

좀 더 좋은 방법은 없는 것일까? 과학자들은 자연의 법칙을 알고 그것을 계산해서 앞일을 알아내기도 한다. 실례로서 과학자들은 미사일로 날아다니는 비행기를 격추시킬 수도 있고 인공위성을 궤도 위에 올려놓기도 한다. 우주에서는 장차 지구에 달려들 거대한 바윗덩이를 찾아내고 있는 것이다.

그러나 그들도 사람의 운명은 계산하지 못한다. 도무지 운명이 어떻게 움직이는지 원리조차 파악되지 않기 때문이다. 과학자들은 어떤 현상을 계산함으로써 미래가 밝혀질 것을 기대한다. 프랑스의 유명한 수학자 라플라스는 이렇게 말했다.

"우주에 어떤 악마가 있어 현재의 일을 완전히 계산할 수만 있다면 미래를 완벽히 알 수 있다."

그러나 이는 틀렸다. 과학자들은 미래가 계산의 영역인 것으로 알고 있다. 미사일이 비행기가 날아가는 방향을 계산해 추적할 수 있다고는 하지만 이런 식으로 사람의 마음을 알 수 있을까? 주식 가격의 등락을 알 수 있을까? 어림없는 일이다. 과학자들은 미래를 계산으로 알아내려고 하지만 자연현상은 힘의 방향에 의해 전개되는 것이 아니다. 특히 인간사회라든가 운명 같은 것은 힘의 방향에 의해 결정되는 것은 아니다.

미래가 전개되는 방식은 힘에 의해서가 아니라 또 다른 이유에 의해서다. 그것은 바로 '뜻에 의해서'라는 것인데, 이것은 힘의 계산과 차원이 다른 개념이다.

예를 들어보자. 어린 애를 높은 곳에 올려놨다고 하자. 이는 위태로운 일이다. 오래 놔두면 반드시 떨어지게 되어 있다. 이럴 때 뇌라든가 내장, 근육운동 등 생리를 계산해 봐야 미래는 나오지 않는다. 아기의 미래는 그 상황이 갖는 의미에 의해 정해지는 것이다.

여기 한 사람이 있는데 옆에 연쇄살인범을 놔두고 밖에서 문을 잠근다면 무슨 일이 벌어질까? 과학자들이 계산하는 방식으로는 절대 미래를 알 수가 없다. 이런 상황에서 오히려 형사는 미래를 정확히 예측할 수 있을 것이다. 현재 상황이 갖는 뜻을 유추해서 미래를 예측하는 것이다.

이렇듯 미래를 아는 방법에는 현재의 뜻에 의한 것과 물체들이 움직이는 힘이나 방향을 계산하는 것, 두 가지가 있다. 힘의 계산은 수준이 아주 낮은 반면 정밀하기는 하다. 하지만 정밀이 필요 없는 미래가 있다. 배고픈 사람을 밥솥 옆에 놔두면 밥을 몇 그릇 먹을지는 알 수 없지만 먹을 것은 확실하다.

우주 밖 별들의 운행은 만유인력과 같은 운동법칙에 의해 완벽하게 계산할 수 있다. 예를 들어 지구가 태양을 한 바퀴 도는데 1년이 걸리는데 이는 몇 초도 틀리지 않는다. 1년 후 정밀하게 그 자리에 와 있는 것이다.

그러나 사회는 별들의 운행보다 훨씬 복잡하기 때문에 뜻에 의해 계산해야 한다. 경제학자들이 경기를 예측하는 것이 바로 이 방법이다. 형사들은 전과자들의 행태를 보고 장차 이들이 또 범행을 저지를 것을 예측하는데 이것이 바로 뜻을 보고 미래를 아는 방식인 것이다. 관상의 대가는 사람이 행동하는 것을 보고 그 뜻을 유추하여 운명을 예측하는데, 이 역시 뜻을 보고 미래를 아는 방식이다.

그런데 주역은 다름 아닌 뜻을 밝히는 학문이다. 뜻을 안다는 것은 그것의 변화를 예측할 수 있는 것이니 바로 미래를 안다는 의미가 되는 것이다. 당초 주역은 그런 목적으로 만들어졌다. 주역이란 만물의 뜻을 규명하고 그것의 변화를 통해 미래를 살피는 학문이다. 공자도 주역의 괘상을 빌어 미래를 이야기한 사례가 많다. 공자는 점이라는 것도 많이 활용했는데 이는 사물의 뜻을 살핌으로써 그것에 함축된 미래를 살피고자 했던 것이다.

주역 원전은 말한다.

"주역에는 태극이 있으니 이것이 음양을 낳고 음양이 사상을 낳고 사상이 팔괘를 낳는데, 팔괘는 길흉을 정한다(易有太極 是生兩儀 兩儀生四象 四象生八卦 八卦定吉凶)."

여기서 팔괘가 길흉을 정한다는 말은 뜻이 미래를 결정한다는 의미다. 뜻이란 다름 아닌 주역의 괘상으로, 그 뜻이 향하는 방향은 미래인 것이다. 과학자들은 신은 수학자라고 말한다. 이는 자연의 힘을 계산하면 모든 것을 안다는 뜻이지만, 완벽한 표현이 아니다. 신은 주역학자라고 말해야 한다. 주역의 괘상은 당초 미래를 향해 그 모습을 보이고 있었기 때문이다.

운명을
대하는
자세

A씨는 40대 중반의 자영업자였다. 어느 날 A씨는 친구 몇명과 낚시 여행을 가기로 했다. 친구들은 직장인이지만 휴가를 내기로 했다. A씨는 즐거운 기분으로 며칠을 기다렸다. 마침내여행하기로 한 날이 되었는데 한 친구로부터 연락이 왔다. 회사에 긴급한 일이 있어 출장을 가야 한다는 것이다. 또 다른 친구는 아내가 갑자기 반대해 여행을 갈 수가 없게 되었다고 미안하다면서 급히 전화를 끊었다.

이로써 여행계획은 무산되었다. A씨로서는 완전히 헛김 새는 상황이 된 것이다. 낚시 도구를 집어던진 A씨는 가게 문도 열지 않은 채 혼자 술을 마시며 화를 냈다.

"에이, 씨! 짜증 나! 이런 놈들이 친구라고…….."

A씨는 하루를 이렇게 지냈고 다음 날도 기분이 안 좋았다.

B씨의 경우를 보자. 이 사람은 직장인인데 기대했던 진급 심사에서 탈락했다. 그래서 일주일 내내 우울하게 지냈다. 그러면서 집에서는 온종일 식구들한테 신경을 곤두세웠다.

C씨를 보자. 이 사람은 보험설계사인데 다 될 듯하던 계약이 성사되지 못했다. 10일간이나 공들였던 일인데 도중에 보험 가입 예정자가 마음을 바꾼 것이다. C씨는 허탈감에 빠져 다른 일마저 손에 잡히지 않았다.

지금 이야기한 A, B, C의 일은 실화인데, 이런 일은 세상에 아주 흔하다. 누구나 일생을 살다 보면 이런 일을 여러 번 경험한다. 사람들은 매번 화를 내거나 낙심한다. 나도 몇천 번쯤 이런 일을 겪었던 것 같다. 일이 꼬이는 것, 잘 되다가 망가지는 것, 배신당하는 것, 기대한 대로 되지 않는 것 등 이런 일은 참으로 많이 일어난다. 이래서는 '인생이 재미가 없다' '화가 나서 심장이 떨린다' '죽고 싶다' '아니, 죽이고 싶다' '술을 퍼 마셔야겠다' 등 신세타령을 하게 된다.

이들의 인생은 무엇이 잘못된 것일까? 일이 척척 풀리고 기대했던 대로 미래가 열리면 얼마나 좋으랴. 여기서 이들의 문제를 고찰해 보자. 우리는 이들의 이야기에서 무엇을 깨달아야 하는가? 인내심인가? 아니다. 미래의 일을 미리 알라는 뜻인가? 그것도 아니다. 그렇다면?

여기에 아주 중요한 내용이 숨어 있다. A, B, C 세 사람은 당초에 앞날을 믿었다. 뜻대로 될 것이라고. 이것은 크게 잘못된 일이다. 무슨 근거로 미래가 꼭 그렇게 된다고 확신했는가 말이다. 절대로 미래를 믿어서는 안 된다. 이들은 미래를 믿었다가 생각한 대로 되지 않으니 화를 내고 슬퍼했다. 문제는 미래가 원하는 대로 안 되었다는 사실이 아니다. 미래를 믿었다는 그 자체가 문제인 것이다.

미래란 오면 그대로 받아들여야 하는 것이지 실망의 대상이 아니다. 세상은 있는 그대로 살아야 하는 것이다. 미래를 미리 정해놓고 살면 안 된다는 뜻이다. 미래가 내 생각대로 되어야 할 이유가 없다. 예측은 자유다. 그러나 자기의 예측을 믿어서는 안 된다. 미래가 현실로 나타나면 '아, 이게 미래구나. 어제는 궁금했는데……' 이렇게 생각해야 한다.

미래란 궁금함의 대상은 된다. 하지만 믿음의 대상은 안 되는 것이다. 미래가 오면 그냥 그대로 '그렇구나'로 끝나야 한다. 다른 유감을 가지면 안 된다. 누가 미래를 믿으라고 했던가. 미래란 '아니면 말고'라는 식이 되어야 한다. 어린아이들은 자기 뜻대로 되지 않으면 울고불고 난리다. 세상이 어째서 자기 뜻대로 되어야 한다고 생각하는가? 미래는 항상 모른다고 생각하며 살아야 한다. 그리고 미래가 오면 '아, 이것이구나' 해야지 '싫다' '좋다'를 말해서는 안 된다. 그냥 그대로일 뿐이다.

한 일화를 소개한다. 미국에서 있었던 실화다. 미국 어느 도시에서 폭발사고가 있었다. 이로 인해 어떤 젊은이가 현장에서 두 손을 잃었다. 순식간에 손이 없어진 것이다. 이렇게 끔찍할 수가 있을까. 운명이 가혹했다. 그러나 정작 두 손을 잃은 청년은 태평했다. 그는 속으로 이렇게 생각하고 있었다.

'어, 두 손이 없어졌네!'

그뿐이었다. 울고불고하지도 않았고, 괴로워하지도 않았다. 그저 '내 운명이 이것이구나' 하고 발견했을 뿐이다. 이 청년의 자세는 너무나 편안해서 미국 전역에 화제가 되었고, 많은 정신과 의사가 이 청년의 정신을 연구하러 방문했다. 정신과 의사들이 여러 방식으로 청년을 조사한 결과, 그가 꾸며낸 것이 아니라 실제로 마음에 전혀 동요가 없다고 결론을 내렸다. 이 청년의 마음은 그 사건 자체보다 유명해졌다.

운명이란 영화의 한 장면을 보는 것처럼 대해야 하는 것으로 감정을 개입시켜서는 안 된다. 대학시험에 떨어졌으면 '음, 떨어졌군' 하고 끝내야 한다. 운명이니 어쩌겠는가. 세상을 있는 그대로 받아들이라는 의미다. 이미 나타난 운명에 대해 왈가왈부하는 것은 버스 떠난 다음에 발을 구르는 것과 같다. 버스가 떠난 이야기는 더 이상 하지 말아야 한다. 운명은 나타났다는 것만으로 이미 상황 종료다. 슬프네 괴롭네 하며 화를 내서는 안 된다. 나는 실제로 방금 이야기한 것처럼 살고 있다. 운명은 궁금할 뿐이지 그 무엇이라 할지라도 불만은 없다. 누구에게 불만을 토로할 것인가. 군자는 하늘을 원망하지 않는다고 했던 것처럼, 있는 것에 순종하면서 살아야 한다.

이제 주역 괘상을 이야기해 보자. 주역은 운명을 대하는 자세에 대해 가르치고 있다. 바로 곤위지(坤爲地, ䷁)로, 이 괘상은 순순히 따른다는 뜻이다. 여행을 못 가게 되었으면 '음, 그렇게 됐군' 하면 그만이다. 계약이 성사되지 않았다면 '음, 알았어. 오늘 운명이 이것이군', 진급이 안 되었으면 '그렇지. 이제야 알았어. 내가 잘못 알고 있었네' 이런 식이 되어야 한다.

운명은 모른다고 하는 사람에게는 오히려 보이는 법이다. 운명에 대해 확신을 갖는다는 것은 자기를 속이는 일이다. 흔히 운동선수들에게 승리의 확신을 가지라고 가르치기도 하는데, 이는 오히려 선수를 약하게 만드는 행위다. 운명에 매달리면 실력 발휘가 제대로 안 되기 때문이다.

괘상 ䷁가 가르치는 것은 순응으로, 순응하는 사람에게는 오히려 좋은 일이 자주 생기는 법이다. 미래를 만들려고 애쓰는 것은 좋다. 하지만 노력했다고 미래를 확신하면 안 된다. 옛말에 "사람의 일을 다 하고 천명을 기다린다(盡人事待天命)"라고 하지 않았는가. 여기서 '기다린다'라는 것은 그때 가서 보겠다는 뜻으로 어떤 운명이든 받아들이겠다는 의미일 뿐이다.

사람은 항상 스스로와 싸운다. ䷁의 뜻을 수용하지 못했기 때문이다. 순응이란 굴복이 아니다. 오히려 힘을 비축하는 행위다. 순응은 모든 것을 포용하는 자세다. 괘상 ䷁는 땅의 덕을 의미하는데, 드넓은 땅을 접하면서 항상 순응의 덕을 일깨워야 한다. 주역에서는 곤위지 괘상에 대하여 이렇게 말한다.

"운명에 앞서면 혼미하고 순응하면 얻는다(先迷後得)."

지금
드러나는 미래,
징조

세계적인 생명과학자 라이얼 왓슨(Lyall Watson)에 의하면 주인이 멀리 지방에 나갔다 돌아올 때 개가 마중 나가는 경우가 흔히 있다고 한다. 개는 주인이 올 것을 어떻게 알았을까? 홍수나 산사태가 나는 지역의 개미들도 위험을 예측하고 대규모로 이동하는 경우가 많다. 이들은 미래의 일에 대해 무엇인가 느끼는 것 같다. 쥐들이 장차 침몰할 배에서 빠져나온 사례도 많이 있다. 이들은 어떤 육감 같은 것을 느끼는 것일까? 혹은 미래에 일어날 징조를 살폈던 것일까?

조선시대 주역학자 토정 이지함(土亭 李之菡) 선생은 홍수가 날 곳에 높은 정자를 짓고 머물렀다고 전해지는데, 이는 선생이 미래를 확실히 바라봤기 때문일 것이다. 미래가 나타날 단서를 징후 또는 징조라고 하는데, 이것을 깨닫는 것은 주역의 중요 목표 중 하나다.

미래가 현재에 일부 모습을 드러내고 있다는 것은 주역에서는 이미 확립되어 있는 개념이다. 동물이 이것을 느낀다는 것은 많은 연구에서 이미 밝혀지고 있다. 동물은 원래 미래를 느끼는 감각이 있는 것이다. 아마 인간에게도 이런 힘이 있었을 테지만 지금은 그 능력이 퇴화된 것처럼 보인다. 아마도 인간은 동물과 달리 지성이 계속 발달해 왔기 때문일 것이다.

그 지성 때문에 본능이 상실되어 가는 것은 당연하다. 지성과 본능은 원래부터도 대치되는 개념이다. 우주에서 살아가는 데 무엇이 더 중요한 것인지는 알 수가 없다. 아마도 본능이 우선일 것이다. 하지만 진화하기 위해서는 지성이 확실히 더 필요하다. 지성은 기능의 원인까지 밝혀내기 때문에 본능을 개선할 수도 있다.

주역은 이미 생물체 내에 잠재되어 있는 섭리를 체계화하고 있었다. 동물의 본능이 주역의 시간이론을 체득하고 있는 것은, 주역의 섭리 속에 본능에 대한 것이 담겨 있기 때문이다. 앞으로 더욱 분명해지겠지만 우리의 몸이나 정신을 비롯해 우리 주변의 모든 현상들은 주역의 섭리 안에 있다.

다만 우리의 지성은 너무 급히 나아가고 있기 때문에 자연을 바라보는 눈이 지나치게 분석적으로 변해버렸다. 그 결과 나무는 봐도 숲을 보지 못하고 숲을 봐도 산을 보지 못하게 된 것이다. 주역은 우리 인간이 잃어버린 지혜의 원천이다. 이른바 '원시지혜'라고 하는 이것은 발달된 지혜보다 훨씬 강력한 힘이다. 미래의 징조는 분명히 있고 우리 주변에 흔히 널려 있다. 인간은 그것을 보지 못하고 있을 뿐이다. 주역은 그것을 밝혀내고 있는데, 그것이 바로 징조다. 그러면 징조의 단편을 고찰해 보자.

징조에는 나쁜 징조와 좋은 징조가 있다. 좋은 징조는 그것을 모르고 지내도 별 탈이 없다. 그러나 나쁜 징조는 재빨리 눈치 채고 미리 방비해야 탈이 없다. 나쁜 징조란 주역의 괘상으로 무엇일까? 누차 강조한 것이지만 그 어떤 개념이라 하더라도 일단 괘상으로 번역이 되면 그 개념의 정체성은 드러난다.

나쁜 징조는 주역의 괘상으로 천풍구(天風姤, ䷫)에 해당된다. 공자는 이 괘상에 대해 다음과 같이 말했다.

"하늘 아래 바람이 부는 것이 천풍구니, 성왕은 이를 보고 명을 내려 사방에 고한다(天下有風 , 姤 : 后以施命誥四方)."

이 뜻은 무엇인가? 세상에 나쁜 징조가 나타났으니 왕명을 내려 이를 경계한다는 것이다. 이러한 징조의 예를 들어보자. 5명이 여행을 갔다고 하자. 그런데 그중 한 명이 뒤늦게 나타남으로써 출발시간이 늦어졌다. 이는 김새는 것은 물론이거니와 징조도 나쁜 것이다. 우연히 발생한 사소한 사건이지만 큰 사고를 몰고 오는 징조일 수가 있다. 흐름이 꺾인 것은 일단 불길한 것이다. 물론 그저 단순히 우연일 수도 있다. 옥에도 티가 있다는 말이 있듯이 모든 일이 순탄할 수는 없다. 하지만 흐름이 꺾여 계획이 변경됐을 경우 이는 조심해야 한다.

여행지에 도착에서 남들은 멀리 바다경치를 바라보고 있는데 저 혼자 조개껍질을 줍고 있다면 이는 조화를 깨는 행위다. 뭐가 그리 급한가. 같이 간 사람들과 기분을 함께하는 것이 더 중요한 법이다. 혼자 놀러왔다면 바다를 바라보든 조개껍질을 줍든 상관없다. 천풍구는 역행(逆行)을 뜻하는 괘상으로, 역행은 흔히 뒤이어 나쁜 사건을 유발한다. 여기서 어떤 행위를 지탄하고자 하는 것은 아니다. 그저 그런 행위가 발생하면 그것이 곧 징조라는 걸 기억하라는 의미다.

다른 예를 보자. 가족들끼리 모여 남편의 성공을 축하하는 파티를 열었다고 하자. 손님이 많이 모여 있다. 그런데 이날 아기가 심한 병에 걸렸다. 이는 분명 징조다. 하필 아기가 이 순간에 병이 났을까? 잘못은 누구에게도 없다. 마침 축하파티 석상에

184

서 번거로운 일이 생겼다는 것이다.

징조는 이런 식으로 찾아온다. 옛말에 "독화살을 맞을지언정 역풍은 맞지 않는다"라고 했는데, 이는 바로 천풍구 괘상의 징조를 경계한 것이다. 역풍이란 사소하지만 자연스런 흐름을 깨는 현상이다. 호사다마(好事多魔)라는 것과는 완전히 다른 개념이다. 호사다마라는 것은 좋은 일이 일어나려고 고난이 많다는 뜻이다. 하지만 천풍구의 징조는 사소한 역풍이 큰 재난을 불러올 수 있다는 것을 뜻한다.

어느 훌륭한 가문에 못된 며느리가 들어왔다면 이는 가문이 망할 징조일 수 있다. 큰 공연에서 연주를 시작하려는데 악기가 고장 났다면 바꾸면 그만이 아니다. 바꾸게 되었다는 자체가 이미 불길한 징조인 것이다. 고(故) 박정희 대통령이 서거하던 날 이전에 여러 가지 징조가 있었다. 나도 징조가 나타난 순간 아주 불길함을 느꼈던 것이다. 설마 하던 일은 다음날 뉴스를 보고 알았지만 징조는 그전부터 밤새 느끼고 있었다.

나는 어느 날 집을 나서는데 문틈에 옷이 걸려 찢어진 적이 있다. 이때 나는 불길함을 느끼고 온종일 조심했다. 그 결과 아무 일 없이 하루를 보냈다. 조심한 것 때문에 별일 없었는지, 원래 아무 일 없도록 운명이 정해져 있었는지는 잘 모르겠다. 하지만 징조가 나쁘면 조심해야 한다. 그래서 옛날에 왕은 천풍구 괘상을 보면 명을 내려 사방에 고했던 것이다.

화창한 날씨에 갑자기 바람이 불어오면 이는 기분이 좋지 않은데, 천풍구는 바로 이런 느낌이다. 우리는 리듬을 파괴하는 행위를 가급적 삼가야 한다. 또한 그런 일이 발생했을 때는 그 당시의 사건만 바라보지 말고 더 멀리 일어날 일을 예측해 봐야 한다. 흐름에 문제가 생긴 순간 '이로써 다른 별일은 없었으면 좋겠네. 하지만 엉뚱한 일이 발생했으니 큰일이 없도록 조심해야겠군' 이렇게 생각하는 것이 군자의 태도다. 역행을 의미하는 괘상인 천풍구를 실생활의 징조에 응용하는 것은 결국 각자의 몫이다.

시간의
방향

세상의 모든 것은 언젠가는 변화하게 되어 있다. 주역에서는 이를 '궁즉변 변즉통(窮卽變 變卽通)'이라고 표현하는데, 이는 그저 시간이 흐르면서 만물은 변화한다는 뜻이다. 우리 인류의 조상은 먼 옛날부터 시간이라는 것을 발견했다. 그리하여 그에 적응하는 방법을 터득했던 것이다. 겨울을 대비한다거나 씨를 뿌려 농사를 짓는 것 등이 바로 그것이다. 동물이든 사람이든 미래를 대비하지 않으면 살아갈 수가 없다. 삶이라는 것은 시간을 따라 가는 여행에 다름 아니다.

그렇다면 여기서 하나의 의문을 떠올릴 수 있다. 시간이 도대체 어디로 흘러가느냐 하는 것이다. 즉 시간의 방향이다. 우주의 모든 현상은 계속되면서 어느 곳으로 향해 가고 있다. 존재하는 모든 것은 변화하지 않을 수 없는데 그것은 반드시 귀결점이 있다.

시간은 왜 흐르고, 또한 어디로 흘러가는가? 먼 옛날에는 이런 것이 문제가 될 수 없었다. 너무나 막연했기 때문이다. 시간이란 그저 끊임없이 흘러 어디론가 가는 것이지 그것에 이유가 있다거나 어디로 가는지는 생각할 엄두를 내지 못했다.

그러나 우리 인류는 미래가 궁금했고 미리 알아야 할 이유도 있었다. 미래를 알면 그만큼 이익이 크게 되기 때문이다. 점이라는 것도 미래를 미리 알고자 하는 욕망 때문에 생겨난 기술(?)이었다. 오늘날 주식이나 땅값 변동을 미리 알 수만 있다면 얼마나 환상적이겠는가. 이런 문제는 어려울 수도 있고 쉬울 수도 있다.

다만 미래의 일을 좀 더 과학적으로 생각하는 방법이 없는 것은 아니다. 인류의 문명이 발달하자 자연과학자들은 시간 현상에 대해 구체적으로 그 내용을 생각하기 시작했다. 그전에는 미래란 사회적으로만 예측할 수 있는 내용이었다. 물론 옛날에도 과학적으로 미래의 현상을 연구하려는 노력은 있었다.

그러나 현대에 이르러서 시간은 물리적 연구대상이 되었다. 시간의 흐름은 이유가 있었고 그 방향도 있었던 것이다. 이것은 주역을 이해하는 데 절대적 이론이므로 여기서 다룰 것이다.

자연현상을 보자. 여기 불에 달구어진 쇳덩이가 있다. 그냥 놔두면 어떻게 되겠는가? 점점 식어갈 것이다. 바위 위에 물을 부었다고 치자. 이 물은 어디로 가겠는가? 떨어질 것이다. 풍선을 터뜨렸다고 하자. 풍선 안에 있던 가스는 어디로 갈 것인가? 날아가 버린다. 이렇듯 우리는 자연현상에 대해 미리 말할 수 있다. 이것이 바로 시간의 방향이다.

한 가지만 더 보자. 호수에 돌을 던졌다. 이때 파동이 사방으로 퍼져나갈 것이다. 이제 이것을 촬영하자. 그러고는 이것을 상영해 보자. 만일 거꾸로 필름을 돌리면 우리는 알아차릴 수 있겠는가? 금방 알아차릴 것이다. 누구든 시간이 거꾸로 흐르게 되면 이상하게 느끼는 법이다. 이는 우리가 시간의 방향을 잘 알고 있다는 뜻이다. 시간이 흘러가는 데에는 방향이 있는 것이다.

과학자들은 일찍이 이런 현상에 주목하고 미세한 부분에서 도대체 무슨 일이 벌어지는가를 관찰했다. 그 결과 한 가지 법칙을 발견하게 되었다. 그것은 열이 뜨거운 곳에서 차가운 곳으로 흐른다는 것이다. 이것 한 가지뿐이다. 자연현상의 가장 깊은 영역 속에 다른 것은 없었다.

지구는 태양으로부터 계속 햇빛을 받고 있는데, 이는 지구가 태양보다 차갑기 때문이다. 만약 지구가 태양보다 뜨겁다면 태양은 우리에게 절대로 다가오지 않는다. 이것이 자연현상의 핵심이다. 이로 인해 나이도 먹고, 자동차가 낡고, 모아놓은 돈이 쓰여 없어지고, 사랑이 식고, 대통령이 바뀌고, 친구가 떨어져 나간다. 움푹 파인 곳은 메꾸어지고 뾰족한 것은 깎인다.

이 모든 현상은 엔트로피(entropy) 때문인데, 세상의 엔트로피는 시간이 갈수록 증가하게 되어 있다. 소위 엔트로피 증대의 법칙(law of entropy increase)이다. 이것이 시간의 방향인데, 엔트로피 증대의 법칙은 무질서가 증가한다는 뜻이다. 더 크게 말하자면 자연의 태엽이 풀려나가는 것이다.

주역에서는 양은 시간이 지날수록 밖으로 나아가고 음은 시간이 지날수록 안으로 들어온다고 한다. 당초 우리 우주는 양이 밖에 있고 음이 안에 있었다. 그런데 원인 모를 어떤 힘에 의해 음양의 위치가 바뀌었다. 빅뱅의 순간에 이렇게 되어 있었던 것이다.

그리고 나서부터는 그것이 계속 풀려나갔다. 바로 시간이 흐르게 된 것이다. 시간이 흐르기 때문에 풀려나가는 것이 아니라 풀려나갔기 때문에 시간이 흐르게 된 것이다. 시간은 다른 뜻이 없다. 바로 엔트로피가 증대해 가는 것과 다름없다.

이것을 주역의 관점에서 설명해 보자. 여기 지뢰복(地雷復, ䷗) 괘상이 있다. 이 괘상이 어떻게 되겠는가? 괘상을 다시 보자. ䷗ 괘상은 아래에 양이 있다. 양은 어떤 성질이 있는가? 위로, 밖으로 달아나려는 성질이 있다. 그래서 실제로 그러한 현상이 일어난다. 즉 엔트로피가 증대되는 것이다. 주역에서 엔트로피 증대란 바로 양이 올라간다는 뜻이다. 갇혀 있지 않고 멀리 날아가 제멋대로가 된다는 의미다. 즉 무질서가 증가하는 것이다.

괘상의 변화를 보자.

$$\text{☷} \rightarrow \text{☳}$$

괘상이 변화했다. 즉 시간이 흐른 것이다. 어떻게 달라졌는지 이해가 되는가? 양이 조금 올라갔다. 다시 보자.

$$\text{☷} \rightarrow \text{☳} \rightarrow \text{☵}$$

이 변화는 양이 계속 올라가는 현상일 뿐이다. 어린아이가 자라는 것도 이와 같은 모습이다. 끝까지 가보자.

$$\text{☷} \rightarrow \text{☳} \rightarrow \text{☵} \rightarrow \text{☶} \rightarrow \text{☲} \rightarrow \text{☰}$$

이제 양이 끝까지 올라갔다. 인생으로 말하자면 죽을 때가 된 노인에 해당된다. 우주의 현상은 바로 이런 것이다. 그래서 제행무상(諸行無常, 모든 사물은 늘 변한다)이라고도 하지만, 시간의 흐름이란 마지막이 되면 음양이 서로 해산하는 것이다. 세상은 별 게 아니다. 맺혔던 것이 풀려 나가는 것뿐이다.

여기서 괘상을 음미해 보자. ䷀은 양의 기운이 가장 아래쪽에 있어 이제 겨우 생겨난 모습이다. 어린 아이가 이런 상태인데, 아이는 태어날 때 양기를 품고 있어서 계속 성장할 수밖에 없다. ䷀은 자란다. 그리고 ䷀를 거쳐 ䷀에 이르게 된다.

䷀ 괘상은 청년이 된 것이다. 아직 사회 밖으로 나설 정도는 아니지만 힘을 비축하고 있다. ䷀ 괘상은 화산의 비축된 힘을 보여주지만 또한 겸손한 사람이 실은 역량이 충분하다는 것 역시 보여주고 있다. ䷀ 괘상은 잠재된 힘이 충만하지만 아직 밖으로 나서지 않은 상태다. 올림픽에 출전하는 선수가 실력이 충분할 때가 바로 이 모습이다.

다음 단계를 보자. ䷀ →䷀로 바뀌는 건 기운이 밖으로 나타나는 것으로, 청년이 장년이 되면서 사회에 마침내 등장하는 모습이다. 본격적으로 활동이 개시된 것이다. 내재된 양이 밖으로 분출되어 나오는 것은 시간현상으로, 이는 필연이고 또한 자연 그 자체일 뿐이다. 그렇게 되도록 되어 있다는 뜻이다.

다음을 보자. ䷀는 ䷀를 거쳐 ䷀에 이르게 된다. 이는 인생의 절정이며, 또한 종점이다. 노인이고, 회장이고, 영웅이 은퇴

할 시기가 된 것이다. 이는 우주의 자연현상으로 4단계를 거친 것이다.

$$☷ \rightarrow ䷖ \rightarrow ䷗ \rightarrow ䷗$$

이 그림은 중앙에 2개의 괘상이 빠졌지만 극적인 변화는 4단계로도 다 보여주고 있다. 엔트로피의 증대는 우주의 숙명일 뿐이다. 인생에 있어서도 엔트로피의 증대는 잠시 지연시킬 수는 있지만 종래에는 극점에 이르게 되어 있는 법이다. 주역은 그 모든 과정을 보여주고 있다. 현재 ䷗은 먼 장래에 ䷗이 될 운명을 포함하고 있는 것이다.

여기서 다룬 문제는 양이 하나일 때뿐이었지만 양이 2개 이상으로 확대될 때도 큰 차이는 없다. 양은 올라가고 음은 내려온다는 것이다. 우리는 하나의 괘상을 보고 다음으로 변화하는 괘상을 미리 예측할 수가 있다. 그로써 주역을 통해 미래를 알 수 있는 법이다. 차후 모든 괘상에 대해 엔트로피의 법칙, 즉 양의 상향과 음의 하향을 적용하여 우주의 모든 변화를 바라볼 수 있게 될 것이다. 주역은 이와 같은 방식으로 미래를 추적할 수가 있다.

집과
운명

우리나라 주택 소유자는 4명 중 1명꼴이라고 한다. 따라서 4명 중 3명은 남의 집을 빌려서 사는 셈이다. 나는 여기서 우리나라 서민경제의 현황을 이야기하고자 하는 것은 아니다. 단지 집이 없다는 것과 있다는 것에 대해 삶의 뜻을 이야기하려는 것이다. 물론 이때도 경제는 논외다.

먼저 이사를 다닐 때의 상황을 살펴봄으로써 집이 인간에게 미치는 영향(뜻)을 생각해 볼 수 있다. 세입자는 일단 집주인으로부터 방을 비워달라는 통보를 받는다. 날짜가 촉박하지는 않다. 2~3개월 내에 비워주면 되는데, 하지만 이 순간부터 문제가 발생한다.

뭔가 뒤숭숭한 느낌이 든다. 직장에 있을 때나 외출을 했을 때는 마치 고향 떠난 사람처럼 먼 곳을 생각하게 된다. 집 안에 있을 때는 잠을 깊게 들지 못하고 여행하고 있는 느낌이다. 그리고 왠지 정처 없다는 느낌, 세상이 넓어졌다는 느낌, 쫓기는 듯한 느낌이 들고 집중력도 크게 떨어진다. 남과 말할 때는 상대를 건성으로 대하는 것 같고 어떤 재미에도 깊게 빠져들지 못한다. 누구하고 약속 잡기도 싫어하고 멀리 나가는 것에 대해 공포를 느낀다.

그리고 좋아지는 것도 있는데 사람이 일시적으로 너그러워지고 물건을 사들이지 않는다. 남에게 미소를 잘 짓고 친절하기도 한다. 그러나 마음속에는 허전함이 짙게 깔려 있다. 이 모든 것의 이유는 이사를 가야 한다는 번거로움과 낯선 곳으로 가야 한다는 공포로 인해 이미 정처 없는 사람이 되어 있기 때문이다.

이는 주역의 괘상 중 풍지관(風地觀, ䷓)으로, 여기저기로 방황하는 모습이다. 딱히 갈 곳이 정해져 있지 않은 사람의 마음이 바로 이런 상태인 것이다. ䷓은 바람이 대지 위를 불어가는 모습인데, 현실과 대비시키면 정착할 곳을 찾아 헤맨다는 뜻이다. 이사를 가야 한다는 것이 정해졌다 해도(2~3개월 내로) 아직 거리에 나선 것은 아니다. 그런데도 마음이 먼저 그것을 상정하고 정처를 잃어버리는 것이다.

깊게 생각해 보면 어차피 자기 집이 아니었으니 떠나면 그만이다. 그곳으로 이사 왔듯이 말이다. 어쨌건 이제 이사 갈 곳을 수소문해서 적당한 곳이 정해졌다고 하자. 이 순간 마음은 어떨까? 이상하게도 허전하고 불안했던 마음이 싹 가시는 것이다. 물론 완전히 편안한 것은 아니지만 갈 곳이 정해져 있기 때문에 방황하던 마음은 어느새 사라진다.

주역의 괘상으로는 지택림(地澤臨. ䷒)이 된 것이다. 이 괘상은 깊게 자리 잡았다는 뜻이고, 또한 편안해졌다는 의미다. 편안이란 원래 자리 잡았다는 뜻에 다름 아니다. 이사 갈 곳이 정해졌다는 것만으로도 사람의 마음은 이미 그 상태가 된 것으로 간주하는 것이다. ䷒ 괘상은 익숙하다는 뜻도 있는데 이사를 가서 그 동네에 적응하면 바로 그렇게 된다. 방황과 안정은 ䷒과 ䷒의 차이일 뿐이다.

☷는 원래 집이라는 뜻이 있다. ☱은 벌판이라는 뜻이다. ䷒은 집이 안정되어 있다는 뜻으로, 사람은 집에 의존해서 살기 때문에 집이 있고 없고에 따라 마음은 크게 요동친다. ䷒은 벌판에 있는 모습으로, 이사 가기 직전이 바로 이런 상태다. 그러나 가만히 생각해 보면 이사를 가게 되면 가면 그만이다. 어차피 집이 없으니 어디론가 이동하면서 살 운명이었던 것이다. 공연히 마음을 예민하게 할 필요가 없다. 집이 없었으니 처음부터 그

렇게 살 각오는 이미 마음속 깊이 자리 잡고 있었던 것이다. 또다시 놀란다는 것은 처음 각오를 잊어버린 꼴이다. 지금 집 없는 서러움을 논하자는 것은 아니다. 단지 그런 상황에서 우리의 마음을 괘상으로 공부하자는 것뿐이었다. 그러나 하나 필히 이야기해 두고 넘어갈 것이 있다. 그것은 집 없이 사는 사람이 반드시 인생에 불리한 것은 아니라는 것이다.

그렇다면 이번에는 집 있는 사람의 이야기를 해보자. 통계에 의하면 약 4분의 1에 해당되는 사람이다. 그 사람들은 집을 일부러 팔지 않는 한 이사 갈 일이 없어 일단은 편안할 것이다. 주역의 괘상으로는 두말할 것 없이 지택림(䷒)이다.

이 괘상은 속된말로 터줏대감이란 뜻이 있는데 자기 집이 있어 동네에 살고 있으면 (오래) 그곳의 주인 행세를 하는 것이다. 이때는 물론 편안하기 그지없다. 집에 머물고 있을 때는 매우 편안하고, 밖에 나가 있을 때는 확실한 갈 곳이 있기 때문에 거처에 관한 한 불안이 일체 없다.

사람은 집에 의존해서 사는 존재이기 때문에 이런 현상은 당연하다. 야생동물의 경우에는 집이 있거나 없거나 완전히 자유롭고 집 때문에 불안한 것은 있을 수 없다. 사람은 어떻게 보면 상당히 약한 존재인 것 같다. 아니면 너무나 민감한 존재일까? 아무튼 집이 있는 사람은 한결 편안한 법이다. 그렇기 때문에 빚을 내서라도 집을 사려고 무던히 애를 쓴다.

미리 안정하고 싶기 때문인 것이다. 집이 크든 작든 크게 문제 삼지 않는다. 오로지 내 집이 있느냐가 문제일 뿐이다. 큰 집이라면 물론 더 좋겠지만 작은 집이라도 있으면 삶이 안정되고 기분이 좋은 법이다. 처음의 삶이 풍지관(䷓)이었으니 지택림(䷒)이 되고 나면 즐거울 수밖에 없다. 그래서 없는 돈에도 서둘러 내 집을 마련하는 것이다.

그러나 여기에는 아무런 문제가 없는 것일까? 누구든 안정을 위해 빚을 내어 작은 집이라도 재빨리 사는 것이 잘 사는 방법일까? 이에 대해 논해보자. 주역을 공부하는 사람은 세상의 모든 것을 깊게 통찰할 수 있어야 한다. 집이 있느냐 없느냐는 큰 문제일 수도 있고 작은 문제일 수도 있으나 주역의 괘상을 깨닫기 위해서는 좋은 재료가 아닐 수 없다.

집을 샀다고 하자. 여기에는 2가지 요소가 있을 것이다. 첫째는 어느 동네이냐 하는 것이고 둘째는 어떤 집이냐 하는 것이다. 첫째의 요소는 풍수지리학적 상황을 발생시킨다. 그 지역의 운명이 있다는 뜻이다. 사람이 어느 지역에 오래 살면 땅의 영향을 받아 운명의 방향이 설정된다. 특히 집주인인 경우에 동네에 대한 정착심(定着心)이 강하기 때문에 더욱더 동네의 풍수지리적 운명의 영향을 많이 받게 된다.

세를 들어 사는 사람은 영혼이 그 동네에 뿌리를 내리지 않고 항상 임시적(臨時的)인 마음으로 살기 때문에 운명마저 벗어나 있다. 물론 집주인이 아니더라도 편안한 마음으로 동네에 애착을 갖게 되면 그 동네의 운명을 받아들일 수 있다. 하지만 우리의 영혼은 이미 집이 자기 것이냐 아니냐를 예민하게 감지하고 있다.

둘째 요소를 보자. 이는 건물풍수학, 즉 양택(陽宅)의 문제인데 집주인이든 아니든 어떤 건물에 오래 살면 그 건물의 운명이 사람에게 흘러들어 오게 된다. 그런데 집주인이 되면 아무래도 그곳에 오래 살 수밖에 없을 것이다. 그래서 나쁘다는 것은 아니다. 단지 집을 사면 오래 살게 되기 때문에 집을 잘 골라야 한다는 것뿐이다.

건물 풍수는 뇌천대장(䷡)의 괘상인데, 이는 밖에서 안으로 막아서는 기운에 해당된다. 반면 땅의 풍수는 지택림(䷒)으로 내면에서 솟아오르는 기운이다. 집을 살 때는 2가지 측면을 고려해야 한다. 집 없는 불안을 해소하기 위해 급하게 집을 장만하면 위험 요소가 따라올 수도 있다.

물론 집을 잘 사는 경우도 있는데 이 경우에는 운명적으로 얻어지는 이익이 많다. 하지만 아주 좋은 지역과 아주 좋은 집을 사기가 그리 쉽지는 않을 것이다. 따라서 집을 살 때는 신중을 기해야 한다.

집이 없으면 조금은 불안할 수 있지만 선택의 폭이 넓어지는 법이고, 집이 있으면 불안은 면하겠지만 운명이 쉽게 고정되는 흠이 있다. 이처럼 주역을 공부하는 사람은 괘상의 뜻을 분명히 알고 그것을 자신의 운명에 적용해야 할 것이다.

4

군주괘의
의미와 구조

희망의
숨은
구조

희망에는 2가지 종류가 있다. 하나는 막연한 희망이 있는 것이고 하나는 그럴 듯한 조짐이 있는 경우다. 여기서 막연한 희망은 실은 희망이 아니다. 그저 괴로운 상황에서 위안을 갖자고 하는 것뿐이다. 물론 이런 희망도 필요하기는 하다. 그러나 이는 주역의 문제는 아니다. 우리는 지금 실제로 조짐이 나타나고 있는 희망에 대해 주역의 관점으로 분석하는 중이다.

희망의 형태를 보자. 무인도에 고립되었다고 하자. 이때 수색하는 비행기가 지나가고 그 비행기가 우리를 보았다면 이는 분명 구조될 희망이 있는 것이다. 갱도에 갇힌 사람이 절망 속에 있는데 최초의 통신이 이루어졌다고 하자. 이때 우리는 희망을 갖게 된다.

여기서 우리가 논하고 있는 것은 갖가지 희망 이야기가 아니라 모든 희망의 공통성이다. 즉 희망의 구조다. 희망의 구조가 없는 상태임에도 희망이라 말한다면, 이는 거짓이고 의미가 없는 행동이다. 희망에는 어떤 구조가 숨어 있을까?

어려운 문제가 아니다. 속된 말로 '싹수'가 있어야 한다. 싹수는 근거를 뜻한다. 밝은 근거다. 희망이란 절망에 비해 밝은 것이고, 우리는 이것을 양이라고도 말한다. 양이란 활력을 뜻하는 것이기 때문에 싹수라는 것도 양이 존재한다는 것에 다름 아니다. 불씨가 존재한다고 말해도 된다.

여기까지 생각했다면 답은 거의 찾은 것이다. 불씨를 괘상으로는 어떻게 표현해야 할까? 이것은 지뢰복(地雷復, ䷗)으로 표현한다. ☳은 원래 진동처럼 속으로 살아 있는 것을 표현하는 데 쓰인다. 자동차의 시동을 걸어놓았을 때도 이 상태다.

나는 언젠가 거리에서 이상한 생물을 본 적이 있었다. 정확히 말하면 이 생물은 도마뱀과에 속하는 상당히 큰 존재였다. 그런데 이 생물은 표면이 메마른 나뭇가지 같고 색깔도 탁한 모래 같았다. 자세히 봐도 나무 모형처럼 느껴졌는데, 이 생물은 미동도 하지 않고 있었다. 숨 쉬는 진동도 없이 돌덩이처럼 엎드려 있어서 생물이라고는 생각되지 않았다. 그러나 한참을 들여다보니 무엇인가 느껴졌다. 생명의 느낌! 저 깊은 내면에는 양의 기운이 도사리고 있었던 것이다. 바로 ䷗의 형상이다.

잠자고 있는 어린 아이의 모습도 바로 이것이다. 아이는 내면에 먼 미래를 향한 생명의 진동을 간직하고 있다. 잠자고 있는 거북이도 겉으로는 고요하지만 내면에 생명력이 있다. 이것은 전형적인 ䷗으로, 먼 미래의 희망과도 같다. 겉으로는 표출되지 않고 깊은 내면에서 기다리고 있는 힘, 이것이 희망의 모습이다.

어린아이들이 무럭무럭 자라고 있을 때도 ䷗으로 표현하는데, 어떤 경우는 쉽게 발견되지 않는 힘이다. 물론 이 힘은 물리적 현상만을 뜻하지는 않는다. 놀기만 하던 아이가 공부하는 모습이 보이기 시작하는 것도 희망에 해당된다. 심폐소생술에 의해 심장이 비로소 뛰게 되면 이 사람은 현재 의식이 없어도 살아난 것이다. 이때가 ䷗의 상태인 것이다. 공자는 이 괘상에 대해 이렇게 설명했다.

"땅 아래 우레가 잠복하고 있는 것이 지뢰복이니, 선왕은 동짓날에 성문을 굳게 닫고 장사치나 여행자를 다니지 못하게 했으며 지방도 순찰하지 않았다(雷在地中, 復 : 先王以至日閉關 , 商旅不行 , 后不省方)."

동짓날은 음의 기운이 최고조에 이르고, 이 순간 이후부터

205

는 양의 기운이 돌아온다. 공자는 ☵ 괘상의 비유로 24절기 중 동짓날을 선택한 것이다. 여기서 중요한 것은 자연현상이든 사회현상이든 잠복한 기운이 발생했을 때 우리 인간이 어떤 태도를 갖추어야 하는지다. 공자는 이럴 때 기뻐서 날뛰는 등 경거망동하지 말고 조금 더 추이를 살피며 기다리라고 했다.

주역에서 가장 먼저 알아야 하는 것은 괘상이다. 우리는 괘상을 통해 현상을 유추해 내거나 혹은 현상에서 괘상을 찾아내야 한다. 그렇게 되면 사물의 뜻은 더할 나위 없이 분명해진다. 사물의 뜻을 분명히 깨달은 후에는 그것을 처세에 적용하든 인격수양에 사용하든 전쟁에 사용하든 질병 치료에 사용하든 그 사용처가 자유롭게 열려 있다. 이른바 '알고 행한다'는 것인데, 이렇게 함으로써 삶의 작용은 더욱 위대해지는 것이다.

옳은 것을
외면한
결과

"읍참마속(泣斬馬謖)"이란 말이 있다. 이는 『삼국지』의 제갈
공명이 울면서 자신의 제자 마속을 처단했던 것에서 유래한 말
이다. 마속은 이때 무슨 죄를 지었던 것일까? 그는 전쟁 중에 진
지를 산 위에 구축해 놓았다. 원래 산이란 전투를 하는 데 있어
서 유리한 위치다. 그런데 왜 제갈공명은 이를 죄로 본 것일까?

제갈공명은 마속이 산 위에 진지를 쳤다고 보고하자 급히
사람을 보내 당장 철수하라고 명령했다. 하지만 그 사람이 당도
하자마자 마속은 패배했다. 마속은 제갈공명이 구해준 덕에 잠
시 목숨은 부지했으나 다시 재판을 받았다. 제갈공명은 재판 후

결국 마속을 참형에 처했다. 지휘관이 어리석어 잘못된 진지를 마련했고, 이 때문에 패하여 부하들을 잃고 아군에 큰 피해를 주었기 때문이다.

산에 친 진지가 어째서 잘못되었을까? 산 위의 진지는 원래 다른 곳으로 통하는 길이 있어야 한다. 큰 산의 경우 통로는 이곳저곳으로 충분히 뚫려 있다. 하지만 작은 산의 경우는 산 전체가 통째로 포위될 수 있다. 마치 위험을 피하기 위해 어떤 건물에 들어갔는데 건물 전체가 포위된 것과 같은 상황이다.

지리산에 들어가 진지를 구축하면 이는 튼튼한 요새가 되어 전투에 유리해진다. 포위될 일이 없고 적은 저 아래에 있기 때문이다. 하지만 남산에 진지를 구축하면 남산 전체가 포위당해 보급이 끊길 수 있다. 그러면 산 위의 군대는 저절로 패하는 것이다. 마속이 한 행동이 바로 그런 상황이었다.

마속은 제갈공명에게 병법을 배웠지만 어떤 조건하에서 산에 진을 칠 수 있는지는 배우지 못했던 것이다. 산에 진을 치려면, 어떤 상황에서는 칠 수 있고 어떤 상황에서는 피해야 하는지를 먼저 알아야 하는데 마속은 그것을 몰랐던 것이다.

여기서 마속이 처했던 상황을 괘상으로 분석해 보자. 이렇게 해보면 당시 제갈공명이 그토록 화를 냈던 이유도 알게 될 것이다.

작은 산에 진을 친 것은 주역의 괘상으로는 천산돈(天山遯, ䷠)에 해당된다. 이는 옹졸함을 뜻하는 괘상이다. 이 괘상은 고립을 의미하기도 하는데, 병법에서 특히 경계해야 할 일이다. 6.25전쟁 당시 우리 국군이 잠시 처했던 상황이 ䷠ 괘상이었지만 연합군이 북한군의 후미를 공격함으로써 다시 활로를 열었다. 이것이 늦어졌다면 우리 군은 패망했을 것이고, 대한민국 정부도 사라졌을 것이다.

괘상 ䷠은 자초한 고립이며, 또한 고집이다. 고집이란 신념과는 많이 다른 개념인데, 객관성이 없으면 신념이라도 고집으로 변하고, 결국 고립이 된다. 인생에 있어 가장 경계해야 할 상황 중 하나가 이 ䷠ 괘상이다. 사람이 이런 모습이라면 친구도 다 잃고 나중엔 운명마저 잃어버리게 된다.

䷠ 괘상을 조금 설명하자면, 위에 ☰이 있는데 이것은 보편적 세상을 의미한다. 정의라든가 합리성 등도 같은 뜻이다. 그런데 그 아래에 있는 ☶은 하늘을 등지고 있는 모습인데 이것은 옳은 것을 외면하는 불통(不通)의 의미가 있다. 정신의학적으로는 ䷠ 괘상은 자폐증(自閉症)에 해당되는데, 이런 사람은 세상에 살고 있어도 자기 세계에 빠져 있어서 교류가 되지 않는다. 즉 세상에 살고 있지만 살고 있는 것이 아니다. 공자는 이 괘상에 대해 이렇게 말했다.

"하늘 아래 산이 있는 것이 돈괘로, 군자는 이를 보고 소인을 미워하지는 않으나 엄하게 대한다(天下有山 . 遯 ; 君子以遠小人 . 不惡而嚴)."

여기서 소인이란 아래 있는 ☷을 의미한다. 제갈공명도 주역을 공부했기 때문에 공자의 가르침을 알고 있었을 것이다. 다만 실수한 마속에 대해 군인의 법도를 적용한 것뿐이다. 즉 엄하게 대한 것이다. 넓은 세상으로부터의 고립, 보편적, 합리적 논리를 외면하고 자기 기분에 치우치는 사람은 하늘에게 벌을 받게 되어 있다.

현재 우리 자신의 모습은 어떠한가? 혹시 나 자신이 ☴의 모습은 아닐까? 항상 경계할 일이다. 주역 속 괘상의 뜻을 알았으면 가장 먼저 자신을 돌아보는 것이 군자의 태도다.

주역을
활용한
병법

제갈공명은 병법의 대가였다. 특히 제갈공명은 주역을 통달하여 병법에 응용했기 때문에 그의 활약을 살펴볼 필요가 있다. 제갈공명은 30대에 이미 당대 최고의 전략가로 알려져 있었다. 그가 전투를 벌일 때 팔괘 진법을 사용했다는 것은 익히 들어봤을 것이다. 이것은 팔괘의 원리를 이용한 전법이다. 그 외에 제갈공명은 도처에 주역의 이론을 응용한 것으로 보인다. 그것을 음미해 보자.

유비가 외로운 상황에서 제갈공명을 찾아갔다. 당시 제갈공명은 몇몇 현자들에게 이미 알려져 있는 상태였으므로 유비는 예의를 갖추어 찾아갔다. 처음 방문 때는 제갈공명을 만나지 못했다. 하지만 연속 3번을 찾아갔을 때 마침내 제갈공명을 만나게 되었다. 이른바 삼고초려(三顧草廬)다.

유비를 맞이한 제갈공명은 지도를 펼쳐 놓고 이른바 천하삼분론(天下三分論)을 이야기했다. 이 당시 상황은 조조가 세력을 확장하고 있었고 멀리 오나라가 버티고 있는 상태였다. 제갈공명은 이런 상황에서 유비가 취할 전략에 대해 설명을 시작했다. 천하는 현재 양분되어 있으나 그 사이 틈이 있다고. 또한 조조는 천시(天時)에 해당되고 오나라는 지리(地利)를 얻고 있다고 설명한 후 그 중간지대에서 인화(人和)를 이룩하면 천하는 이로써 3분된다고 결론을 내렸다. 천하삼분론이란 바로 천지인 삼재론이다. 삼재(三才)는 우주 모든 사물의 구성단위다. 유비가 아직 천하의 구성단위를 다 갖추지 못했는데, 인화를 취함으로써 쉽게 천하대세에 참여할 수 있다고 설파한 것이다.

세상은 저 스스로 삼재를 갖추려는 성질이 있다. 이는 주역의 중요한 이치였고 제갈공명은 이에 대해 유비에게 설명해 주었던 것이다. 유비는 여기서 크게 깨달음을 얻고 제갈공명을 자기 진영에 모셔가기에 이른다.

이때부터 천하는 요동치기 시작했다. 조조는 유비를 몰아내기 위해 대군을 출동시킨다. 이런 상황에서 제갈공명은 또다시 주역의 이치를 생각한다. 지리(地利)가 천시(天時)를 이긴다는 이 치는 오나라가 나서면 조조를 이길 수 있다는 뜻이다.

유비는 제갈공명의 작전에 따라 조조의 대군을 꼬리에 달고 오나라로 피난 행군을 시작했다. 급박한 상황이다 보니 제갈공 명은 단신으로 오나라를 향해 먼저 떠나갔다. 오나라를 끌어들 이기 위함이었다. 이는 쉬운 일은 아니었다. 오나라에서는 이미 제갈공명이 오나라를 끌어들이기 위해 설득하려 한다는 것을 알 고 있었기 때문이다.

오나라는 요지부동! 괘상으로는 간위산(艮爲山, ☶)이었다. 오나라는 왕을 비롯해 모든 관리들이 철저히 굳은 자세를 유지 하고 있었다. 산 같은 상태, 제갈공명은 이를 움직이게 할 방법 을 찾고 있었다. 산을 움직이려면? 이는 주역의 괘상이 말해주고 있다. 산이란 외부에서 밀어봐야 꿈쩍도 하지 않는다. 제갈공명 은 주역을 잘 알고 있었기 때문에 하나의 괘상을 생각해 냈다.

그것은 산풍고(山風蠱, ☶)인데, 이는 산을 움직이기 위해서 는 속을 갉아먹어야 한다는 것을 보여주고 있다. 산사태가 산을 붕괴시키는 것과 같다. 산은 힘으로 밀어붙여서는 안 된다. 이는 괘상 산뢰이(山雷頤, ☶)로, 산을 밀어내지 못하고 있는 모습이다. 그렇다면 해결 방법은 산풍고(☶)밖에 없는데, 이는 내면을 가 볍게 흔들어주는 것이다.

예를 들면 질투 같은 것이다. 제갈공명은 질투를 이용하기로 했는데, 마침 적당한 사건이 있었다. 『삼국지연의』를 보면 조조는 동작대(銅雀臺)라는 누각을 지으면서 아들인 조식에게 시를 짓도록 했는데 다음과 같은 구절이 포함되어 있다.

두 교씨를 동남에서 잡아와(攬二喬於東南兮)
아침저녁으로 함께 즐길지니라(樂朝夕之與共).

제갈공명은 이를 교묘히 이용했다. 소교(小喬,) 대교(大喬)는 바로 오나라 왕(손권)의 형(손책)의 부인(대교)과 오나라 최고의 장수 주유의 부인(소교)이었다. 제갈공명은 오나라에 들어가서는 조조가 소교, 대교를 취하기 위해 진군하고 있다고 이야기했다. 질투를 일으키기 위함이다. 이에 오나라 왕 손권과 장수 주유는 크게 격분하여 조조를 물리칠 결심을 하게 된 것이다.

공명의 작전은 주역의 괘상 산풍고(☴)에서 그 실마리를 풀었다. 병법에 적이 움직이지 않으면 그가 사랑하는 사람을 공격하라는 말이 있는데, 이는 바로 산풍고에 다름 아니다. 제갈공명은 일단 오나라를 부추기는 데 성공했다. 산풍고의 괘상처럼 산에 바람을 집어넣었던 것이다. 이제 공명에게 남은 일은 오나라와 협력하여 조조의 대군을 물리치는 일뿐이었다.

이때 제갈공명은 또 하나의 주역 괘상을 떠올렸다. 조조의 대군이 많은 배를 타고 강을 건너올 터인데, 이는 풍수환(風水渙, ䷺)이다. 풍수환은 물 위를 미끄러져 오는 형상으로, 여러 방향으로 흩어져 상륙하게 된다. 병력이 월등히 많은 조조군은 곳곳으로 상륙하는데, 오나라 군은 병력이 적어 이를 일일이 대적하기가 버거운 형편이다.

넓은 영역으로 들이닥치는 것이 풍수환의 특징으로, 제갈공명은 다시 고민했다. 조조의 대군은 ䷳이다. 이를 대적하려면 병력 수가 많아야 하는데 오나라의 상황은 그럴 수가 없다. 그렇다면? 적을 한곳으로 몰아넣어야 하는데 육지라면 협곡으로 넣으면 된다. 그러나 강 위에서 제멋대로 종횡무진하는 배를 몰아넣을 곳은 있을 수 없다.

이럴 때는 적을 한곳으로 모아야 하는 것이다. 바로 뇌화풍(雷火豐, ䷶) 상태로 만들어야 한다. 이 괘상은 한곳으로 몰려 있어 운신의 폭이 좁다는 뜻이다. 그렇게 하려면 배를 하나로 묶어 놓으면 된다.

이때 공명의 지기인 방통이 나섰다. 조조를 찾아가서는 병사들이 뱃멀미를 자주 하여 싸움을 할 수 없는 상태가 된다고 말하고, 이를 막으려면 배를 서로 묶어 흔들리지 않게 해야 한다고 진언했다. 조조는 이를 흔쾌히 받아들이고 수많은 배를 하나로 묶었다. 이렇게 하여 뇌화풍 상태가 된 것이다.

이제 다음으로 할 일은 이것을 공격하는 일이다. 조조의 대군은 거대한 섬을 이루고 천천히 밀고 들어왔다. 마중 나가 싸울 수도 없다. 방법은 한 가지뿐. 바로 풍산점(風山漸, ䷴)의 상태가 되도록 해야 하는 것이다. 이 괘상은 거대한 물체에 불이 붙는 것을 뜻한다. 붙어서 파고들어가는 것인데 이로써 거대한 물체, 즉 조조의 대군은 궤멸하게 되는 것이다.

물론 이때 대군이 재빨리 흩어지면 되는데 묶어놓은 배는 동작이 느릴 수밖에 없다. 이래서 화공(火攻)은 빠른 속도로 이루어져야 한다. 문제는 동남풍(東南風)이다. 제갈공명은 이곳에 동남풍이 가끔 불어온다는 것을 이미 알고 있었다. 바람이 때맞춰서 불어주었던 결과, 조조의 대군은 강 위에서 전멸했다.

그러나 제갈공명에게는 또 하나의 문제가 있었다. 그것은 조조가 일시적으로 멸망하게 되면 이제는 힘의 균형이 오나라에 쏠려 그 힘으로 유비를 쳐 없앨 것이다. 따라서 조조를 죽게 할 수는 없었다. 유비가 힘을 비축할 때까지는 조조가 살아 있어서 오나라를 견제해 주어야 하는 것이다.

이래서 조조는 아직 죽을 때가 안 된 것이다. '죽을 때'라는 것은 천명(天命)으로, 이는 자연의 큰 흐름으로 정해진다. 제갈공명은 천하가 3등분될 때까지는 하늘이 조조를 살게 한다는 것을 깨닫고 이를 이용하기로 했다. 관우가 조조에게 진 빚을 이때 갚기로 한 것이다. 어차피 죽지 않을 사람을 관우로 하여금 살려주게 해서 관우를 조조의 빚으로부터 자유롭게 만드는 작전이다.

자연의 큰 흐름은 부분을 지배하는 힘이 있기 때문에 눈앞에 일어날 듯한 사건도 일어나지 않는다. 이는 미래가 현재를 이끌어가는 현상이며 주역의 중심 과제 중 하나다. 미래란 현재가 차곡차곡 쌓여 만들어지는 것이 아니다. 어떤 미래가 현재를 잡아당기는 것이다.

조조는 살게 될 운명이었기 때문에 관우가 그 자리에 등장할 운명도 되었다. 이는 주역의 괘상으로 뇌지예(雷地豫, ䷏)에 해당된다. 이 괘상은 미래에 일어날 어떤 사건이 현재를 이끈다는 뜻이다. 주역을 알게 되면 그 활용가치가 다양해진다. 제갈공명처럼 주역을 통해 천하를 아우르는 상황을 만들 수도 있다.

인생은
넓다

내가 아는 사람 중에 오랜 세월 동안 한 가지 직업으로 사는 이가 있다. 그는 행상으로, 40여 년 간 고무줄을 팔고 있다. 이처럼 질긴 사람이 또 있다. 이 사람도 40여 년 간 거리에서 자잘한 물건, 요술장비, 구두 주걱, 열쇠고리 등을 팔았다. 이외에 또 다른 질긴 사람이 있는데, 이 사람도 40년 이상 칼 가는 직업에 종사하고 있고, 아마도 평생 그 일을 계속할 것 같다.

세상에는 이처럼 한 가지 직업으로 오랜 세월을 일관하는 사람이 참으로 많다. 이런 일을 두고 천직(天職)이라고 말하기도 하는데, 태어나서 운명적으로 평생 하게 되는 일을 말한다. 천직은 분명 존재한다.

사람들은 대개 한 가지 일에 오래 종사하기를 좋아한다. 이유는 무엇일까? 대단한 이유가 있는 것은 아니다. 일단 일자리를 잡으면 그것을 놓치기 싫고 새로운 일자리를 찾으려면 위험부담이 있기 때문이다. 그래서 이럭저럭 한번 일자리를 선택하면 좀처럼 바꾸기가 어렵다. 같은 업종이라도 한 직장에 오래 있는 것을 선호한다.

사회의 풍조도 일자리를 자주 옮겨 다니는 사람을 좋게 보지 않는다. 이력서에 일자리를 한 번이라도 옮긴 적이 있으면 그것을 따져 묻기도 하고 혹은 무작정 나쁜 사람으로 의심하기도 한다. 끈기가 없다거나 배신의 기질이 있다거나 등으로 말이다. 그러나 여기에는 생각해 볼 것이 많이 있다.

개인의 입장에서 보자. 사람은 본시 많은 능력을 가지고 태어났다. 그리고 사람은 또 다른 운명에 처할 수도 있는 존재다. 그런데 그 많은 기회를 한 번도 사용해 보지 않고 죽는다면 이얼마나 가능성 낭비인가. 지금이 최선이라고는 그 누구도 말할수 없을 것이다.

지금 현재 상황이란 그것이 최악이 아닐 경우 성공이라고보기 쉽다. 누구나 그렇게 생각할 것이다. 가령 어느 대기업에입사하여 평생 월급을 받고 살아갈 수 있다면 그로써 편안히 살수 있으니 잘 됐다고 생각하는 것은 당연하다. 이 회사에 들어가지 못했다면 지금쯤 실업자로 고생을 많이 하고 있을 테니까.

그러나 세상은 그런 식으로 생각해서는 안 된다. 지금의 상황을 더 좋을 수 있는 상황과 비교해야지 최악과 비교할 필요는 없다. 오히려 지금 상황이 나의 실력이나 운명을 따져볼 때 최소한이 아닌지를 누가 알 수 있겠는가.

인생이란 누구에게나 못 다한 부분이 있다. 아니, 해본 것은 겨우 지금일 뿐이고 대부분은 자신이 해보지 못한 일로 가득 차 있다. 경험도 못 해보고 생각도 못 해본 세계가 무수히 많은 것이 바로 인생이다. 우리가 지금을 떠나지 못하는 것은 절대로 현재에 만족하기 때문은 아니다. 단지 다른 일을 할 방법을 모르고 또한 불안하기 때문에 현재를 선택했을 뿐이다.

우리의 인생은 사실 무엇을 선택할 충분한 기회가 없다고 봐야 할 것이다. 적령기가 되면 재빨리 무엇인가를 선택해서 자리를 잡아야 한다. 만일 좀 더 생각해 보겠다고 여유를 부리다가는 어느새 뒤처지기 마련이다. 뒤에서는 더 어린 사람이 사회에 끊임없이 등장하기 때문이다. 하지만 일찍 자리를 잡았다고 해서 미래가 항상 좋은 것은 아니다.

실제로 대부분의 부자들은 처음엔 일자리를 구하지 못하고 오랜 세월 전전긍긍하다가 어느 날 성공을 맞이했다. 반면 일찍 자리를 잡은 사람은 평생 그 자리를 떠나지 못하고 그렇게 생을 마칠 뿐이다. 그래서 나쁘거나 좋다는 것이 아니다.

먼저 최소한의 안전을 확보한 후에 더 나은 길을 찾는 것은 원리상 옳다. 물론 실제로는 한번 안전(재빨리 정할 수밖에 없었던)을 선택하면 다른 길을 선택할 엄두가 나지 않는다. 이것이 우리 인생의 처량하다면 처량한 현실이다. 어쩔 수 없는 일인지도 모른다.

하지만 절대로 잊지 말아야 할 것이 있다. 인생은 언제나 못 해본 그 어떤 것이 있다는 것이다. 아직 선택해 보지 못한 세계는 무한히 다양하여 그곳은 우리의 영원한 꿈으로 남아 있다. 우리의 꿈이 항상 남아 있는 곳, 못 다한 곳, 그곳을 주역의 괘상으로 천지부(天地否, ䷋)라고 말한다. 이 괘상은 무한히 넓고 자유롭다는 뜻이다.

우리가 선택한 길은 지천태(地天泰, ䷊)라고 부른다. ䷊ 괘상은 무한한 가능성인 ䷋에서 어떤 하나를 선택한 상황이다. 그렇기 때문에 우리는 ䷊(선택된 현재)에서 항상 ䷋(무한한 가능성)를 잊지 말아야 한다. 현재를 임시라고 생각하는 것이 옳은 사고방식이다. 현재에 충실하면서도 끊임없이 새로운 미래를 연구하며 살아야 하는 것이다.

옛 성인이 "날이면 날마다 새로워지라(日新又日新)"라고 가르친 게 바로 이것이다. 넓고 넓은 세상, 즉 ䷋를 보며 지금보다 나은 세계를 꿈꿔야 한다. 꿈이란 막연해서는 안 된다. 어느 정도 현실성이 있어야 한다. 무작정 새로운 일에 뛰어들라는 것이 아니고 가능성은 열어두고 연구를 쉬지 말라는 것뿐이다.

현실에 만족하는 것이 지나치면 게을러지게 된다. 자신의 몫으로 남아 있는 무한한 공터 ䷀를 무엇에 쓸 것인가를 잊어서는 안 된다. 현재인 ䷂만 생각하고 지내면 이는 분명 인생 낭비가 될 수도 있음이다.

리더의
길

"가뭄에 비가 와도 개미는 싫어한다"는 말이 있다. 실제로 관찰해 봐도 그런 모양이다. 개미는 비가 와서 땅에 물이 고이면 생계가 위협받는다. 그래서 개미는 항상 햇빛이 드는 땅을 좋아한다. 개미의 입장은 충분히 이해한다. 하지만 가뭄이 와서 초목이 말라 죽고 사람이나 동물이 마실 물이 없다면 정말 큰일 아닌가.

가뭄에는 비가 와야 하는 것이 맞다. 개미는 비가 오는 동안 생업(?)을 잠시 쉬고 있어야 하는 것이다. 너무 오랫동안 비가 온다면 개미뿐 아니라 모든 동물이 싫어하는 것은 당연하다. 세상에는 많은 종류의 생물이 살고 있어서 저마다의 입장을 선호한다. 하지만 공존의 논리가 중요하다. 모두가 함께 잘 사는 길, 이것이 정답인 것이다.

"성인이 나면 그 이익이 곤충에까지 미친다"는 말이 있다. 이는 성인이 인간은 물론이려니와 동물의 삶까지도 배려한다고 해석하면 될 것이다. 오늘날 용어로 동물보호 또는 생태계 보존이라는 개념이 아닐까?

우리 인간사회에 국한시켜 생각해 보자. 인간에게는 저마다의 입장과 생각이 있을 것이다. 하지만 이 모든 사람을 전부 만족시키는 방안은 실제로는 있을 수 없는 이상적인 발상일 뿐이다. 우리는 그저 이상을 향해 점진적으로 나아가는 것으로 만족해야 할 것이다.

사춘기 아이들을 보자. 이들은 이상하게도 언제나 어른의 생각과는 다르다. 그래서 사춘기 아이들은 항상 반항한다. 물론 사회의 큰 틀에서 보면 아이들의 생각은 몹시 편협한 것이 틀림없다. 그들은 아직 미숙하여 자신의 머릿속에 있는 생각을 최선이라고 본다. 그래서 아이들을 기르는 일이 쉽지 않은 것이다.

한 연구에 의하면 사춘기 어린아이의 머릿속에는 아인슈타인의 3000배나 되는, 많은 생각이 있다고 한다. 이후 철이 들면서 그 생각들은 점차적으로 줄어든다. 그리고 이 연구는 공부라고 하는 것이 모르는 것을 알아가는 과정이 아니라 자신이 아는 내용을 조금씩 체념해 가는 것이라고 밝히고 있다.

상당히 일리가 있는 연구다. 세상에 위대한 생각은 그리 많지 않은 법이다. 인류 전체를 통해 공자 같은 사람이 얼마나 되겠는가. 또한 아인슈타인 같은 사람은 몇 명이나 될 것인가. 『삼국지』의 제갈공명 같은 사람은 또한 얼마나 되겠는가.

세상은 보통 사람으로 가득 차 있다. 그들은 대개 틀린 생각을 가지고 있다고 봐야 할 것이다. 한때 태양이 지구를 돈다는 교리를 주장했던 곳은 교황청이었다. 또한 전 세계가 그 생각을 추종했다. 당시 지구가 태양을 돈다는 생각을 하고 있었던 사람은 갈릴레오를 비롯한 몇 명에 불과했다.

오늘날 병원에서 쓰는 엑스레이 기계가 처음 만들어졌을 때 많은 사람이 지탄을 했다. 심지어는 엑스레이를 발명한 과학자를 처단해야 한다고 아우성이었다. 엑스레이는 모든 것을 꿰뚫어 볼 수 있으니 사악한 물건이라는 것이다. 아인슈타인이 그의 이론을 발표했을 때 전 세계 과학자 대부분이 그를 이해할 수 없었다. 지구가 둥글 것이라는 생각을 가졌던 콜럼버스는 처음엔 완전히 매장당했다.

선각자의 견해는 어느 시대를 막론하고 반대가 심한 법이다. 왜냐하면 보통 사람이 보기에는 위대한 생각이 이상하게 보이기 때문이다. '나는 옳고 저들은 틀렸다!'고 생각하는 것이 우리의 기본적인 태도다. 그래서 사회는 항상 시끄럽다. 누군가 자신의 생각이 옳다고 강력히 주장하고 선각자의 생각은 틀렸다고 끌어내리려 하기 때문이다.

그래서 선각자는 늘 괴롭고 배척당한다. 이는 사춘기 아이들에 의해 어른이 배척당하는 모습과 일치한다. 어느 시대를 막론하고 선각자들은 슬프고 고독했다. 뭘 모르는 사람들이 억누르려 혈안이 되어 있기 때문이다. 갈릴레오도 당시 교황청을 비롯한 다수파에 의해 심한 탄압을 받았다. 결국 그는 평생을 연금당한 상태에서 살았다.

모르는 사람이 아는 사람을 깎아내리는 것, 똥 묻은 개가 겨묻은 개를 흉보는 것, 사춘기 아이들이 부모를 원망하는 것, 제자가 스승을 비웃는 것, 직원이 사장에게 대항하는 것, 벌레가 멀쩡한 나무를 갉아먹는 것 등은 온 세상의 일반적 현상이다. 이해할 수밖에 없다. 이는 자연의 속성이기 때문이다.

주역의 논리를 빌자면 음과 양이 싸우는 것뿐이다. 아랫사람이 윗사람을 부정하는 것은 특별한 이유가 없다. 그저 음은 양을 끌어내리려고 할 뿐이다. 어리고 부족해서 그러는 것이니 이해하고 그들을 가르칠 수밖에 없다. 이래서 리더는 늘 외로운 길을 가야 하는 것이다.

이 모습이 주역의 괘상으로 산지박(山地剝. ䷖)이다. 아래가 위를 끌어내린다는 뜻이다. 무식한 사람이 유식한 사람을 깔보는 것도 이와 마찬가지다. 괘상 ䷖은 양, 즉 지도자의 위태로운 모습을 보여주고 있다. 공자는 이 괘상에 대해 이렇게 말했다.

"산이 땅 위에 있는 것이 박괘이니, 윗사람은 이를 보고 아래를 후하게 하여 그들을 편안케 하라(山附於地 , 剝 : 上以厚下安宅)."

성인의 자비심이 넘쳐흐른다. 아랫사람이 비록 윗사람을 끌어내린다 하더라도 그들에게 후하게 대하라는 것이다. 리더라면 이런 상황에 대한 대책이 있어야 하지 않겠는가. 어리석은 사람을 먼저 돌봐야 한다는 것이 현실적일 수밖에 없다. 사춘기 아이들의 불만은 그들의 입장에서 들어주고, 아이가 보채면 사랑으로 감싸주는 것이 리더의 자세다.

리더는 고난의 길을 홀로 가야 한다. 그것이 선각자의 길이다. 사람을 계몽한다는 것은 인내가 필요하고 세월이 필요한 법이다. 땅 위에 있는 산은 저 스스로 무너지지 않도록 노력해야 하는 것이다. 리더의 길도 좌절하지 않도록 큰 힘을 쏟아야 하는 법이다.

누가 리더인가? 우리 모두가 리더다. 우리 모두에게는 역할이 주어져 있지 않은가. 가장이든, 선생이든, 사장이든, 예술가

이든, 과학자이든 자신의 길을 굳건히 가야 한다. 괘상 ䷳ 은 그
것을 보여준다. 땅 위에 굳건히 서 있는 산, 이것이 리더의 모습
이다.

관찰하는
습관이
주는 힘

무술의 달인 이소룡은 이렇게 말했다. "연애를 할 때 그녀와 함께 식사를 하고 극장을 가고 여행을 하며 긴 시간을 보냈건만 그녀에 대해 아는 것이 없다." 세상을 볼 때도 마찬가지다. 우리는 세상에 살고 있지만 세상이 무엇인지 잘 모른다.

저 우주가 무엇인지, 사회가 무엇인지, 자연계가 무엇인지 큰 관심이 없는 것이다. 심지어는 자기 자신이 도대체 어떤 존재인지 알고 있는 사람도 많지 않고 관심 갖지도 않는다. 단지 살아가는 데 급급할 뿐이다. 주변을 살펴봐야 별로 알 것이 없기 때문일까?

사람이 태어나서 제일 먼저 하는 것이 살피는 일이다. 부모를 알아본다거나 해서 점점 세상을 파악해 간다. 나중에는 자신이란 존재가 있다는 것을 알고 세상과 타협하면서 살아간다. 관찰하지 않으면 세상을 알 수 없다. 그런데 우리는 별로 세상을 살피지 않는다. 대충 파악하고 대충 느낄 뿐이다. 그래도 살아가는 데 지장이 없기 때문이다.

과학자들은 자연을 살피면서 그 안에 숨겨진 섭리를 찾고자 했다. 인류의 역사는 관찰의 역사라고 해도 과언이 아니다. 사람은 모든 것을 관찰하고 사물의 뜻을 밝혀나가며 지식을 넓혀왔다. 지금도 그 작업은 계속되고 있거니와 미래에도 이 일은 멈추지 않을 것이다. 관찰은 삶의 절대조건이다. 사람의 관찰이 끝나는 날 삶의 의미도 사라질 것이다.

우리들 중에는 유독 관심이 적은 사람이 있다. 매사에 관심이 적은 것이다. 이런 사람은 당연히 아는 것이 적어지고 삶의 의미도 축소된다. 삶이란 관찰의 의지가 있을 때 그 힘이 뻗어나오고 존재의 의미도 커지는 것이다. 공자는 "아침에 도를 들으면 저녁에 죽어도 좋다(朝聞道夕死可矣)"고 하였는데, 이는 삶의 뜻과 대자연을 아는 데 둔 것이고, 그러기 위해서는 탐구를 해야 한다. 여기서 탐구란 다름 아닌 관찰이다.

20세기의 천재 과학자 하이젠베르크는 세상에는 관찰한 것만 존재한다고 선언했는데, 이는 우리가 세상을 관찰하고 거기에 나타난 것을 해석해야 한다는 의지를 표출한 것이다. 우리나라 속담에 "소가 지나가도 모른다"는 말이 있는데, 이는 관찰하지 않는 사람을 일컫는 것이다. 세상의 모든 사물은 관찰하고 또한 그 의미를 해석해야만 알 수 있다. 아예 보지 않으면 알 수 있는 것이 있을 턱이 없다. 관찰은 보고자 하는 마음에서 나온다. 즉 관심이 있어야 한다는 뜻이다.

주역은 만물의 뜻을 규명하는 학문인데, 뜻을 알기 위해서는 괘상을 살피고 사물을 살피고 세심히 연구해야 한다. 수박 겉 핥기라는 표현이 있는데, 이는 관찰의 허술함을 풍자한 말이다. 관찰이란 깊이가 있는 법이다. 세심히 살펴야 본질을 알 수 있는 것은 당연하다. 우리는 관찰력을 길러야 할 것이다. 이는 인생에서 매우 중요한데, 관찰력이 강해질수록 아는 것도 급격히 늘어나기 때문이다.

나는 어려서 과학을 배웠고 수학을 배웠으며 경전을 읽었다. 그리고 주역의 괘상을 필사적으로 관찰했다. 나는 주역의 괘상을 만 번도 더 되씹으며 그 뜻을 알고자 했다. 처음에 시도한 것은 오로지 괘상의 관찰이었다. 대개의 사람들은 괘상을 몇 번 살펴보면 그만이었지만 나는 보고 또 보고 만 번이 넘도록 살폈다. 그리고 그 작업은 지금도 계속하고 있는 중이다.

내가 독자들에게 권하고 싶은 것이 있다. 그것은 주역을 깨닫기 위해 괘상 그 자체를 계속 관찰하라는 것이다. 괘상은 눈으로 살펴볼 수 있는 구조를 갖고 있고, 그것을 한없이 바라보면 깨달음은 저절로 얻어지게 되어 있다. 수학에서는 이를 구조 파악이라고 하는데, 주역도 처음엔 뜻을 알려고 하지 말고 구조를 파악해야 한다. 일찍이 정보학자 섀넌이 "정보에는 뜻이 없다"고 한 말은 사물은 뜻에 앞서 구조가 있다는 것이었다.

예부터 깨달음을 얻었던 선각자들은 관찰력이 유난히 뛰어났다. 주역을 크게 깨닫기 위해서는 관찰력은 필수적이다. 생각의 힘은 별게 아니다. 괘상을 계속 관찰하다 보면 반드시 저절로 깨닫게 되어 있다. 주역의 괘상이라고 해봤자 64개에 불과할 뿐이다. 모든 괘상은 6개의 층으로 나뉘어 있는데, 서로 비교하기 아주 쉽게 되어 있다. 이것을 바라보는 것이 무엇이 어렵단 말인가.

예를 들어보자. 여기 괘상이 두 개 있다.

이 괘상들에서 무엇을 관찰할 것인가? 하나의 괘는 양(一)

이 4개이고 또 하나의 괘는 양이 다섯 개다. 둘 다 아래로부터 쌓아 올라간 것이다. 차이란 4와 5이다. 이 차이를 관찰하는 것이 그토록 어려운가?

또 한 예를 보자.

䷓ ䷓

하나는 음(--)이 5번째에 있고 하나는 4번째에 있다. 5와 4의 차이는 무엇일까? 계속 들여다보라. 저 옛날 공자가 존경했던 성인 문왕은 동굴 속에서 7년간 괘상을 관찰했다고 한다. 아마 문왕은 괘상 그 자체의 모양을 한없이 들여다봤을 것이다. 그 결과 마침내 모든 괘상의 뜻을 발견하게 된 것이다.

나도 그렇게 했다. 감히 성인과 비교하자는 것이 아니라 방법이 똑같았다는 의미다. 관찰한다는 것은 남이 써놓은 글을 읽는 것보다 훨씬 가치가 있다. 나는 독자들을 관찰로 이끌어갈 것이다. 애써 가르치려고 하지 않고 그저 관찰하도록 만들겠다는 의미다. 다시 말하거니와 관찰하는 것은 생각하는 것보다 더욱 심오한 경지인 것이다.

이쯤에서 관찰이란 것을 괘상으로 나타내보자. 그래야 관찰이 무엇인지가 확연히 밝혀진다. 관찰은 괘상으로 풍지관(風地觀,

☷)이다. 이 괘상은 바람이 땅 위로 스쳐가는 모양인데, 땅은 감추어진 사물이고 바람은 그것을 관찰하는 것이다. 공자는 이 괘상에 대해 다음과 같이 말했다.

"땅 위에 바람이 불어가는 것이 관으로, 군자는 이 괘상을 보고 멀리 순행하여 살피고 백성들에게 가르침을 베푼다(風行地上 , 觀 ; 先王以省方 , 觀民設教)."

이는 관찰을 게을리하지 않는다는 뜻이다. 그리고 관찰한 것을 백성도 알게 한다는 것이다. 우리는 자기 집 앞을 몇 년, 몇 십 년 다니면서 계단의 개수도 모른 채 살아간다. 그런데 어떻게 만물의 뜻을 알겠는가? 매일 관찰하는 데 애써야 할 것이다.

자신에게
맞는
자리

어린 아이들은 태어나서 본능적으로 높고 낮은 곳을 안다고 한다. 뜨거운 것을 모를지언정 떨어질 곳은 경계한다. 세상에서 가장 먼저 깨달아야 할 것이 추락의 위험이기 때문이다. 만물은 만유인력 아래 존재하기 때문에 동물도 진화과정에서 이를 파악했을 것이다.

높은 곳은 위험하다. 이는 단지 물리적, 자연적 환경에서 뿐만이 아니다. 사회적으로도 높은 지위는 참으로 유지하기 어렵다. 운동선수를 보라. 챔피언이 되면 수많은 사람이 달려들어 그를 물리치려고 한다. 연예인이나 가수, 정치인 등도 마찬가지고, 학계에서도 높은 자리를 차지하려고 끊임없이 경쟁한다.

사람은 높은 산이든 높은 지위든 인기인이든 올라가기를 좋아한다. 물론 어느 부문에서도 높게 오른다는 것은 쉬운 일이 아니다. 많은 사람이 생존경쟁에 뛰어들기 때문이다. 우주의 모든 곳, 사회의 모든 곳은 높을수록 유지하기가 힘든 법이다.

높낮음에는 운명이란 것도 있는데, 이것이야말로 우리의 현실이다. 사업이든 운동이든 정치든 사회의 모든 분야는 운명의 요소가 있는데, 그에 따라 높낮음이 수시로 변하고 있다. 어떤 사람은 운명이 좋거나 실력이 있어 계속 상승하기도 한다. 내가 수십 년의 세월 동안 주변 사람을 관찰해 보니, 그들은 실로 위아래로 진동하는 운명 속에 존재했다.

세상이 다 이렇다. 우리는 계속 오르는 사람, 계속 추락하는 사람, 또 올랐다 내려갔다 하는 등의 경우를 수없이 봐왔다. 이 중에서 계속 상승만 하는 사람에 대해서는 그저 축복할 뿐이다. 하지만 계속 추락만 하는 사람은 동정보다는 그 원인을 질타하고 싶다.

내려가는 것은 분명 그 원인이 있을 것이다. 태평하게 지내는 것은 어느 경우든 옳지 않다. 사람은 편안할 때 위기를 잊지 말아야 하는 것이다. 추락은 충분히 대비할 수 있다. 항상 자신의 모든 것을 살피면 앞날을 어느 정도 바라볼 수 있는 법이다.

추락은 대개 태평할 때 일어나는 현상이다. 모든 것이 어찌 제자리에만 있을 것이라고 생각할 수 있겠는가. 우주 대자연의 세계에는 음이 있고 또한 양이 있다. 음은 항상 사물을 아래로 잡아 내리는 성질이 있으므로 그 섭리를 잘 알고 안전성을 점검해야 한다.

내 주변에는 계속 추락하는 사람이 많았고, 지금이나 미래나 계속 그렇게 될 것이 예견되는 사람들이 있다. 세상사는 오르는 것이 어렵고 유지하는 것 또한 어렵다. 옛 성인은 이렇게 말했다.

"깊은 연못에 임한 듯 하고 살얼음을 밟듯 하라(如臨深淵 如履薄氷)."

사람은 살아 있는 동안 계속 오르기를 희망한다. 무엇이 이를 가능케 하는가? 원인을 생각해 볼 필요가 있다. 그것은 현재의 입지가 탄탄해야 하는 것이다. 또한 위에 있다면 유지를 위해 노력해야 한다. 하지만 세상사는 오르거나 떨어지거나 하지 그대로 유지하는 것이 오히려 어렵다. 유지 역시 현재가 충실해야 가능하다. 항상 이모저모를 점검하며 지내야 한다는 의미다. 스스로 현재 겨우 유지하고 있지 않은가를 물어야 한다. 미래는 항상 미리 생각해 두어야 안전한 법이다. 도저히 유지할 수 없다는 판단이 서면 추락을 각오하거나 대비해야 한다.

세상에서 가장 위태로운 경우는 어떤 상태를 말하는 것일까? 여기서 일일이 그 사물을 열거할 수는 없다. 대신 괘상으로 그것을 나타내 보자. 가장 추락하기 쉽고 위험한 상황은 괘상으로 어떻게 표현하는가? 그것은 택천쾌(澤天夬, ䷪)이다. 이 괘상은 연못이 하늘 위에 있어 곧 떨어질 것을 예시한다. 독재자가 이럴 것이고, 실력 없는 자가 높은 자리에 있어도 마찬가지일 것이다. 사람은 있을 곳에 있어야 하는 법이다.

연못은 아래 있어야 편안하듯이 사물은 저마다의 위치가 있다. 새라면 높은 곳에 있어도 위태롭지 않을 것이다. 하지만 날지 못할 자가 높은 곳에 있으면 추락이 기다리고 있을 뿐이다. 그런데 추락을 모르고 지낸다면 이는 위태롭기 그지없다. 분수를 발견하고 지키는 것은 군자의 태도다. 옛말에 오르지 못할 나무는 쳐다보지도 말아야 한다고 했던 것처럼, 애당초 떨어질 곳은 가지 말아야 한다.

나는 ☰인가? ☱인가? 내가 있는 곳이 ☰인가? ☷인가? 이것을 항상 물어야 한다. 공자는 ䷪ 괘상에 대해 이렇게 말했다.

"하늘 위에 연못이 있는 것이 쾌이니, 군자는 이를 보고 녹을 베풂에 있어 아래에 이르도록 하고 금기사항을 지킨다(澤上於天, 夬 ; 君子以施祿及下, 居德則忌)."

이는 위에 있는 연못이 아래로 흐르듯이 낮은 곳까지 베풀라는 뜻이고, 높은 곳에 있는 사람은 항상 조심하며 지킬 것을 지키라는 뜻이다. 높은 곳에 연못이 있으면 오히려 이익이 많을 것이다. 하지만 소인배가 높은 위치를 차지하고 있으면 남에게 해가 되지 않겠는가. 즉 갖지 않아야 될 자가 갖고 있는 것을 경계하라는 의미다.

특히 나라의 왕이나 기업의 대표, 군대의 지휘관이 소인배라면 자신은 물론 남에게 큰 해를 끼칠 것이다. 군자는 높은 곳에 위치한 연못처럼 베풀 수 있는 아량이 있어야 한다. 왕이 베풀면 백성이 편안하고 산 위의 연못이 산에 물을 공급하면 초목이 자랄 것이다. 또한 군자가 덕을 베풀면 세상이 밝아질 것이다.

우리는 있을 곳에 있는지를 살펴야 하며, 또한 베풀 것이 있는지도 살펴야 한다. 위치가 너무 높다면 내려와야 하고, 베풀 것이 있으면 베풀어야 한다. 하늘 위에 있는 연못이 하늘과 다툴 수는 없는 법이다.

괘상의
지도

이제 군주괘 전체를 다시 살펴보자.

			䷪			
		䷲		䷢		
	䷋				䷒	
䷖						䷡
	䷗				䷠	
		䷭		䷦		
			䷁			

그림에서 군주괘가 순환구조를 이루고 있는 것을 볼 수 있다. 각각의 괘상들은 점진적으로 변화하고 있다.

음극에서 양이 하나씩 도래하고, 이것이 쌓여 양극이 되면 그로부터 다시 음이 나타나는 것이다. 이 괘열을 순환의 틀에 집어넣으면 의미가 더욱 분명해진다. 옛사람은 이 괘상들이 단순한 질서를 갖기 때문에 특별히 취급하여 군주괘(君主卦)라고 이름 붙였고, 나머지 52개 괘에 대해서는 질서가 없다고 잡괘(雜卦)라고 이름 붙였다.

나는 45년 전에 잡괘도 군주괘와 똑같은 법칙에 의해 가지런히 정렬시킬 수 있다는 것을 발견했다. 하지만 지금은 군주괘에 집중해야 한다. 먼저 앞서 공부한 계층값을 도입해 보자.

<table>
<tr><td>-- 2</td><td></td><td>— 3</td><td></td></tr>
<tr><td>-- 2</td><td></td><td>— 3</td><td></td></tr>
<tr><td>-- 2</td><td>→ 12</td><td>— 3</td><td>→ 18</td></tr>
<tr><td>-- 2</td><td></td><td>— 3</td><td></td></tr>
<tr><td>-- 2</td><td></td><td>— 3</td><td></td></tr>
<tr><td>-- 2</td><td></td><td>— 3</td><td></td></tr>
</table>

--	2		—	3	
--	2		—	3	
--	2	→ 13	—	3	→ 17
--	2		—	3	
--	2		—	3	
—	3		--	2	

--	2		—	3	
--	2		—	3	
--	2	→ 14	—	3	→ 16
--	2		—	3	
—	3		--	2	
—	3		--	2	

--	2		—	3	
--	2		—	3	
--	2	→ 15	—	3	→ 15
—	3		--	2	
—	3		--	2	
—	3		--	2	

--	2		—	3	
--	2		—	3	
—	3	→ 16	--	2	→ 14
—	3		--	2	
—	3		--	2	
—	3		--	2	

여기서 숫자 3과 2는 앞서 공부한 것이다. 합쳐진 각 괘상의 숫자에 주목하자. 질서가 보인다.

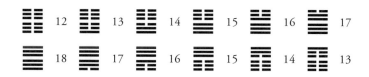

모든 괘상들은 12에서 시작하고 18에 이르면 다시 낮아진다. 그리고 12에 이르면 다시 상승하기 시작하는 것이다. 결국 순환을 이루게 된다. 그 외에 무엇이 보이는가? 각 괘상들이 서로 반대되는 괘상을 만나 서로 숫자가 합쳐지면 어느 짝이나 30이 된다.

이것은 태극의 숫자로 태극이 쪼개지면 서로 반대되는 괘상을 낳게 된다. 군주괘 말고도 모든 괘상은 서로 짝이 있는데, 모두 태극에서 쪼개졌기 때문이다. 이제 계층값을 다시 정렬시키자.

			18			
		17		17		
	16				16	
15						15
	14				14	
		13		13		
			12			

훨씬 알기 쉬워졌다. 서로 멀리 보이는 값을 더하면 30이 되는 것을 잠깐 음미하고 넘어가자. 지금 주목해야 할 곳은 수평축에 있는 숫자다.

			18				
		17		17			→ 18
	16				16		→ 17
15						15	→ 16
	14				14		→ 15
		13		13			→ 14
			12				→ 13
							→ 12

이 그림은 아래에서 12로부터 시작하고, 위쪽으로 가면서 13, 14, 15, 16, 17, 18로 값이 높아지고 있다. 정점은 18이고, 모든 계층은 7개가 된다. 7개! 이것을 특히 주목해야 한다. 이는 만물이 7개 층으로 나뉜다는 뜻이다. 군주괘 외에 잡괘도 마찬가지다. 64괘는 7개 층의 구조를 이룬다는 것이다. 앞으로 모든 괘상에 대해 7개 층으로 정렬시키게 될 것이다. 지금은 군주괘에만 집중하자.

그런데 7개 층이란 것은 왠지 익숙한 개념이 아닌가. 우선 요일이 7개라는 것이 떠오른다. 이외에 7개 층은 64괘 모두를 아우르는 개념이다. 다시 보자.

	→ 7층
	→ 6층
	→ 5층
	→ 4층
	→ 3층
	→ 2층
	→ 1층

여기서 주목할 것은 4층이 중앙이라는 것과 2층에서 6층까지는 좌우로 괘상이 2개라는 것이다. 이 중에서 중앙에 해당되는 괘는 ䷊(지천태)와 ䷋(천지부)인데, 이 괘상은 ䷀(건위천) ䷁(곤위지)와 함께 특별한 괘상이다. 우리는 앞서 ䷁䷀䷋䷊ 이 4개의 괘상을 특별하게 분석했다. 이 괘상 4개는 64괘 모두를 집합시켜 놓았을 때 상하좌우를 이루는 모든 괘상의 테두리에 위치하는 것이다. 나중에 더욱 상세히 다루겠지만 지금은 좌우 괘상을 비교하자.

6층을 보면 ䷪(택천쾌)와 ䷫(천풍구)가 있다. 무엇이 보이는가? 계층값은 같다. 그런데 괘상은 다르다. 어떻게? 뒤집어 놓은 것이다. 그저 모양을 보면 된다. 괘상이란 뒤집으면 그 뜻도 뒤집어진다. 여기서는 아직 실감이 나지 않을 것이다.

뜻을 뒤집었다는 말이 도대체 무슨 의미인가? 예를 하나 들어보자. 괘상 수택절(水澤節, ䷻)이 있다. 이 괘상은 그릇 속에 물이 담겨져 있는 모양인데, 단정한 태도를 뜻한다. 이 괘상을 뒤집어 보자. 즉 ䷻ → ䷺이 될 것이다. 이 괘상은 풍수환(風水渙)이라는 것으로, 막가는 자세를 상징한다. 단정하다를 뒤집으면 막가는 것이 된다.

국어 개념으로는 잘 이해가 되지 않을 수도 있다. 원래 인간이 사용하는 단어는 완벽한 틀을 갖추지 못한 것이다. 그래서 뒤집어도 뜻이 반대가 되지 않는다. 하지만 주역의 괘상은 뒤집으면 그 뜻이 반대가 된다. 주역의 원전은 모든 괘상이 앞의 것과 뒤의 것이 짝을 이루고 있는데, 그 모양이 서로 뒤집어진 상태다. 앞으로 모든 괘상을 다루겠으나 여기서는 군주괘에만 유의하자.

지금 문제는 ䷪와 ䷫이다. 모양이 뒤집어졌으니 뜻도 뒤집어져야 한다. ䷪는 연못이 하늘 위에 있는 괘상으로, 뜻은 그릇이 위로 넘칠 위태로운 상태를 보여준다. 물이 솥 안에서 심하게 끓어서 위로 치솟을 위기에 있는 것이다. 이때 솥을 확 뒤집으면 기운이 아래로 쏠려 솥 안의 압력은 급격히 감소할 것이다.

䷫가 바로 그런 뜻이 있다. ䷪에 비해 위태로움은 감소한 것이다. 하지만 위로 치솟던 것이 아래로 방향을 바꾸었으니 유감이라면 유감일 수는 있다. 주식값이 정점에 가지 못하고 꺾이기 시작한 것이다. ䷫는 방향 전환을 뜻하는 괘상이다. 그래서 경계하라는 뜻이다. 만물은 방향이 바뀌면 현상이 무너지는 것이니 바뀐 현상에 유의해야 한다. 방향이 바뀐 것도 모르고 태평하게 지내면 안 될 것이다. 축구 중계를 보다 보면 기류가 바뀐 것을 느낄 수 있다. 선수 하나가 엉뚱한 행동을 할 때이다. 이렇게 되면 순식간에 역전되는 것이다.

하지만 세상사에 있어서 역전이라는 것은 유용할 때도 있다. 어떤 환자가 혈압이 계속 올라 ䷢가 된 것은 위험 수위에 이른 것이다. 그러나 ䷢가 뒤집어지면 혈압은 내려가게 된다. 상황이 풀려가는 것이다. 주역의 괘상은 원래 선악(善惡)이 따로 없다. 그때그때 상황에 따라 괘상의 호불호(好不好)가 정해지는 법이다.

다른 괘상을 보자. ䷡(뇌천대장)과 ䷠(천산둔)이다. 각각 계층값은 같다. 하지만 괘상의 모양이 뒤집어졌다. 따라서 뜻도 뒤집어져야 한다. ䷡은 장군의 위용을 보여주고 있는 괘상이고, ䷠은 엎드려 꼼짝 못하고 있는 형상이다. ䷡은 대범하고 ䷠은 쩨쩨하다. 괘상이란 제대로 관찰하면 그 내면의 의미가 서로 비교되면서 뜻을 확실히 알게 되는 법이다.

이제 괘상이 눈으로 봐서 뒤집히면 그 뜻도 뒤집힌다는 것을 알았다. 이 얼마나 유용한 지식인가. 64개의 괘상 중 32개만 알면 나머지는 뒤집어서 해석하면 된다. 물론 32개를 안다는 것은 쉬운 일은 아니다. 여기서는 우리가 알아야 할 작업량이 64에서 32로 반이 줄었다는 것에 만족하자.

군주괘를 다시 보자. 이번에는 ䷊(지천태)와 ䷋(천지부)이다. 역시 뒤집은 모양인데, 뜻을 알겠는가? ䷊는 우주의 시작을 의미했다. 사물의 초기 상태다. 그렇다면 ䷋는 무엇이겠는가. 우주

의 끝이고 사물의 종말 상태다. 뒤집으면 또 하나의 괘상을 알게
되니 얼마나 쉬운가.

좀 더 나아가 보자. 이번에 비교할 것은 ䷒(지택림)과 ䷓(풍지
관)이다. ䷒은 힘을 갖추고 깊게 안정되어 있는 모습이다. 사자
의 자세가 이렇다. 그렇다면 ䷓의 뜻은? 이는 싸돌아다니는 모
습이다. 사자가 아닌 조랑말처럼 이리저리 방황하는 모습이 바
로 ䷓인 것이다. 세상이 무서워서 어딘가로 숨고자 하는 자세도
바로 이것이다. 공연히 밖으로 나다니면 위험한 것이다.

괘상의 짝을 하나만 더 비교하자. ䷗(지뢰복)과 ䷖(산지박)인
데, ䷗은 기운이 도래하여 쌓여가는 모습이다. 반면 ䷖은 하나
남은 기운마저 공격을 당하고 있는 모습이다. ䷖은 마지막 잎새
와 같은 형상이고 ䷗은 방이 조금씩 따뜻해지고 있는 형상이다.

이렇게 해서 군주괘의 좌우 괘상들을 모두 비교했다. ䷀(건
위천)과 ䷁(곤위지)는 뒤집어도 자기 자신이니 뒤집어 뜻을 살필
수 없다. 뒤집어서 똑같은 괘상은 주역에서 모두 8개나 된다. 이
들을 이해하는 방법은 따로 있다. 군주괘에서 ䷀과 ䷁는 좌우의
중앙에 있어 좌우변환을 시킬 수 없다는 것만 알아두자. 이제 좌
우괘를 단체로 비교해 보자.

그림에서 ☰과 ☷에 ( )를 씌웠는데, 이는 중앙에 있다는 뜻
이다. 즉 수직축인 것이다. 괘상은 이 축을 중심으로 변환되고
있다. 이때 좌측에 있는 괘상 모두를 동시에 살펴보자. 무엇이
보이는가? 잘 살펴봐야 한다. 왜냐하면 사물은 제대로 관찰하는
순간 그 숨겨진 뜻을 드러내기 때문이다.

좌측의 괘상들은? 자세히 보자. 5개 모두가 상음(上陰)과 하
양(下陽)으로 되어 있다. 이것은 사상의 ⚎과 닮아 있지 않은가.
사상의 ⚎은 상음하양의 뜻에 다름 아니다.

상음하양에서 상음을 보자. 음이란 원래 고향이 아래쪽이
다. 그렇기 때문에 장차 다시 아래로 내려가야겠지만 현재는 위
에서 양의 기운이 탈출하는 것을 막아주고 있다. 김새는 것을 막
아주는 솥뚜껑 같은 것이고 체온을 유지시켜주는 코트가 바로

위에 있는 음이다.

반면 아래에 있는 양은 아래에 지펴진 불과 같다. 위쪽의 음을 데워주고 있는 것이다. 하지만 장차는 위쪽으로 가게 될 것으로, 현재도 애쓰고 있는 중이다. 상음하양은 한마디로 압축에너지가 많은 상태다. 태엽이 감겨 있는 상태라고 생각하면 알기 쉽다.

반대로 상양하음(上陽下陰)을 보자. 여기서 상양은 위로 치솟는 기운이기 때문에 아래에 있는 음에게 미치는 영향력이 적다. 도망갈 궁리를 하고 있는 남자의 모습이 바로 이 상태다. 아래 있는 음도 상황은 비슷하다. 위를 살피지 않고 자기 고집만 내세우는 아이들의 모습과도 같다. 또한 마음 떠난 여자의 모습도 같은 상황이다.

이렇게 해서 군주괘 순환도에서 좌우를 다 비교했다. 이제 상하괘를 비교하자.

			䷀			
		䷀		䷀		
	䷀				䷀	
(䷀)						(䷀)
	䷀				䷀	
		䷀		䷀		
			䷀			

수평중심축에는 ䷊(지천태)와 ䷋(천지부)가 있는데, 이들은 상
하로 분류가 안 된다. 즉 중성인 괘상이다. 비교할 괘상들은 다
섯 개의 짝인데, 이 중에서 ䷀(건위천)과 ䷁(곤위지)는 양극, 음극
으로 이미 확연한 뜻이 보이고 있다.

나머지 4개는 ☷☶, ☷☵, ☳☶, ☳☵이다. 이 중에서
☶, ☴, ☳, ☵은 수평축 위쪽에 배치되어 있으므로 모두 양에
해당한다. ☷, ☱, ☲, ☶은 아래쪽에 배치되어 있으므로 음이
다. 참고로 주역의 모든 괘상은 상하좌우로 나뉘어 있다는 것을
기억하자.

비교로
분석한
괘상

괘상의 뜻을 자연스럽게 이해하기 위해서는 괘상들을 서로 비교하는 것이 절대적으로 중요하다는 것을 앞서 밝힌 바 있다. 그렇다면 비교란 어떤 것을 말하는 것일까? 괘상은 저마다 많은 속성이 있는데 이들 속성을 수치화시킨다면 서로를 비교하는 것이 상당히 편해질 것이다.

사람의 경우 각자의 나이를 보면 사람의 뜻 중 일부가 확연히 밝혀진다. 사람이란 청년과 장년이 있고, 노년이 있다. 이는 그 사람이 어떤 사람이냐를 구분하는 데 있어 중요한 척도가 된다. 체중을 비교하거나 신장을 비교하는 방법도 있다. 의학적으

로는 혈압, 당치수, 콜레스테롤 등이 있고 사회적인 요소로서는
직위, 재산 등도 비교의 대상이 된다.

주역의 괘상을 이해하는 데도 여러 종류의 수치를 비교할
수 있다. 앞서 우리는 계층값이라는 것을 계산했다. 양을 3으로,
음을 2로 하는 방식이었는데 이를 가지고 비교하니 6, 7, 8, 9가
나왔다. 다시 보자.

▬ 3						
▬ 3	→ 9					
▬ 3						
▬ 3	▬ 3	▪▪ 2				
▬ 3	▪▪ 2	▬ 3	→ 8			
▪▪ 2	▬ 3	▬ 3				
▪▪ 2	▪▪ 2	▬ 3				
▪▪ 2	▬ 3	▪▪ 2	→ 7			
▬ 3	▪▪ 2	▪▪ 2				
▪▪ 2						
▪▪ 2	→ 6					
▪▪ 2						

이들 숫자들은 쉽고 간편하다. 다만 같은 숫자들이 3개씩이
나 되는 것이 있어 불편한 점이 있다. ☳, ☲, ☱ 등은 괘상이 서
로 다른데도 값이 같다. 이래서는 괘상들을 비교할 수 없는 것이

다. 비교란 서로 다른 것이 있어야 가능한 것이 아닌가. 8개나 되는 괘상은 또 다른 값이 있어야 할 것이다. 학생에게 있어 성적을 비교할 때 영어 성적 하나만 가지고는 안 되듯이 말이다. 영어 외에 수학이나 국어 등의 성적도 따지게 되면 학생들의 성적은 점점 분명해진다. 병원에서도 환자의 건강을 체크할 때 여러 가지 요소를 측정하게 된다.

주역의 괘상도 마찬가지다. 앞서 우리가 계산한 계층값은 단순하지만 중복된 것이 있으므로 다른 값이 필요할 것이다. 여기서 단군팔괘도의 서열을 검토해 보자.

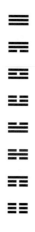

이들 상하 서열은 분명 계층값에서 유래된 것은 아니다. 이들은 어떤 이유에서 이와 같은 위치를 차지할 수 있었을까? 그 이유에 대해서는 앞서 밝힌 바 있는데, 요점은 음양의 기운이 서로 교환하는 가운데 먼저 발생하는 순서대로 등기 우선주의를 채택하는 것이었다.

하지만 괘상의 순서를 정하는 데 있어 마치 인간사회의 기준을 본뜬 것 같아서 미진한 느낌을 지울 수가 없다. 좀 더 선명한 이유는 없을까? 여기서 기존 학설을 잠시 살펴보자. 소위 복희팔괘도(伏羲八卦圖)라는 것이 있는데, 이를 상하로 정렬하면 다음과 같다.

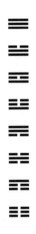

이 괘상들은 어떻게 배열된 것일까? 배열방법을 보자.

— 1
— 2 → 7
— 4

-- −1
— 2 → 5
— 4

— 1
-- −2 → 3
— 4

-- −1
-- −2 → 1
— 4

— 1
— 2 → −1
-- −4

-- −1
— 2 → −3
-- −4

— 1
-- −2 → −5
-- −4

-- −1
-- −2 → −7
-- −4

모든 괘상들은 일정한 간격으로 배치될 수치가 있다. 음은 (-)로 하고 양은 (+)로 했는데 이는 적절하다. 또한 1, 2, 4 순으로 두 배씩 증가했는데 이는 2진법이기 때문에 그렇다. 10진법이라면 1, 10, 100, 1000 식으로 증가했을 것이다.

2진법은 중세의 수학자 라이프니츠에 의해 개발된 숫자 체계로, 그는 주역을 보고 이 체계를 개발했다. 주역은 원소가 2개여서 2진법으로 한 것이다. 아라비아 숫자는 원소가 10개이기 때문에 10진법이다. 10진법과 2진법은 개수를 표현하는 각자의 방법일 뿐 개수가 달라지는 법은 없다.

다시 보자. 2진법 방식으로 괘상들의 값을 계산했더니 7, 5, 3, 1, -1, -3, -5, -7로 질서정연하게 나타난다. 단지 문제는 ↓, 즉 위에서 아래로 계산을 시작했다는 것이다. 어째서 위에서 아래로 계산해야 하는가?

↑, 즉 아래에서 위로 계산하는 방법도 있다. 수천 년 동안 주역학계는 ↓이 방법을 사용해 왔다. 특별한 이유도 없이 말이다. 세상의 이치는 음양이 평등한 법이다. 사물을 위에서 내려다보는 방법이 있다면 아래에서 위로 올려다보는 방법도 있어야 하는 법이다.

나는 45년 전에 ↑ 이 방법을 주창했었다. 당시에 나는 ↓이 방법이 있는 줄도 몰랐다. 당연히 내가 서 있는 땅에서 위를 쳐다보며 값을 정해야 한다고 생각했던 것이다. 그것을 보자.

—	4	
—	2	→ 7
—	1	

—	4	
—	2	→ 5
--	-1	

—	4	
--	-2	→ 3
—	1	

—	4	
--	-2	→ 1
--	-1	

--	-4	
—	2	→ -1
—	1	

--	-4	
—	2	→ -3
--	-1	

--	-4	
--	-2	→ -5
—	1	

--	-4	
--	-2	→ -7
--	-1	

위의 괘상 탑은 2진법 체계를 적용하고 ↑를 사용한 것이다. 괘상 8개가 질서정연하게 배치되어 있다. 이렇게 하면 어째서 안 될까? 안 될 이유가 없는 것이다. 이제 두 괘열의 방식을 비교하자.

```
      ―   1               ―   4
  ↓   ―   2  →  7          ―   2  →  7  ↑
      ―   4               ―   1


      --  -1              ―   4
  ↓   ―   2  →  5          ―   2  →  5  ↑
      ―   4               --  -1


      ―   1               ―   4
  ↓   --  -2  →  3         --  -2  →  3  ↑
      ―   4               ―   1


      --  -1              ―   4
  ↓   --  -2  →  1         --  -2  →  1  ↑
      ―   4               --  -1


      ―   1               --  -4
  ↓   ―   2  →  -1         ―   2  →  -1  ↑
      --  -4              ―   1


      --  -1              --  -4
  ↓   ―   2  →  -3         ―   2  →  -3  ↑
      --  -4              --  -1
```

	1				−4			
↓	−2	→	−5		−2	→	−5	↑
	−4				1			

	−1				−4			
↓	−2	→	−7		−2	→	−7	↑
	−4				−1			

두 탑의 숫자들은 서로 다른 주장을 하고 있다. 하나는 천도 (天道), 하나는 지도(地道)이다. 양이 옳으냐, 음이 옳으냐를 주장 하고 있는 것이다. 자연과학에서는 음양이 평등하다는 것을 벌 써 전에 입증해 놓았다. 인류사회도 남녀의 권리를 대등하다고 보고 있다. 양과 음, 천과 지는 대자연의 작용에서 각각 절반을 차지하고 있을 뿐이다.

두 탑을 비교하자. ☰, ☷, ☰, ☷은 높이가 같다. 부동괘(不 動卦)는 항상 이런 식이다. 단지 문제가 되는 것은 언제나 동괘(動 卦)다. 이것을 해결해야 한다. 절충이나 조화라고 해도 된다.

먼저 둘째 줄의 ☴을 보자. 이 괘상은 ☱와 높이가 같다. 하 늘 가까이 가 있는 것이다. 즉 양값이 높다는 뜻이다. ☱는 연못 이고 ☴은 바람인데, 어느 것이 양인가? 연못과 바람? 하나는 고요히 담겨 있고 하나는 탈출해 돌아다니는 괘상이다. 당연히 바람이 양이다. 그러므로 우측 탑의 주장이 맞는 것이다.

이번에는 일곱째 줄의 ☶을 보자. ☳과 같은 높이에 있다. 땅 가까이 가 있으므로 음값이 높은 것이다. 산과 우레 중 어떤 것이 양이고 어떤 것이 음인가? 산이란 움직이지 않는 것을 상징한다. 우레는 진동하는 존재인 것이다. 움직이는 존재와 진동하는 존재, 어떤 것이 양이고 어떤 것이 음인가? 산이 음이고 우레가 양이다. 좌측 탑이 옳은 것이다. 이로써 양측 탑의 공방은 1:1이 되었다.

중앙 부근에 또 ☳ ☶ ☵ ☶이 있다. 낮은 쪽에는 ☷과 ☶가 있어야 하고 높은 쪽에는 ☳과 ☵이 있어야 한다. ☷과 ☶는 음이기 때문이다. ☳과 ☵은 양이다. 여기서 좌측에 있는 ☶은 우측에 있는 ☷보다 양이기 때문에 ☶이 맞다. 현재 ☶과 ☷은 중앙선에서 위쪽에 있으므로 양이어야 하기 때문이다. ☵와 ☳을 보자. 두 괘상은 중앙선 밑에 있다. 그러므로 음이어야 한다. ☵와 ☳을 비교하면 ☵가 음이므로 우측 탑이 맞는 것이다.

이제 좌우탑의 공방은 2:2가 된 것이다. 각자의 당위성은 팽팽해 하나를 선택하고 하나를 버릴 수 없다. 원래부터 천과 지는 대등한 권리가 있었던 것이다. 그런데 어떤 사람(옛사람)이 공연히 한쪽 편을 드는 바람에 혼란이 왔던 것이다.

↓이 맞느냐 ↑이 맞느냐는 대성괘(大成卦)를 공부할 때 또다시 등장하는 중요한 개념이다. 지금은 팔괘를 살피고 있는 중

이다. 여기서 단군팔괘도를 등장시켜 보자.

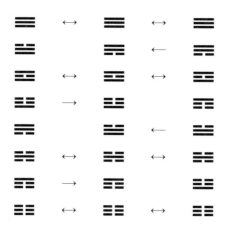

화살표에 주목하라. ↔은 좌우탑이 똑같기 때문에 문제가
안 된다. ←와 →은 각각 한쪽만 맞다. 단군팔괘도는 좌우탑을
평화(대칭)롭게 아우르고 있다. 단군팔괘도는 인도(人道)로, 천도
(좌탑)와 지도(우탑)를 절충하고 있는 것이다. 이제 천도, 지도를
버리고 인도를 취하면 양쪽에 불만이 없다.

여기서 단군팔괘도를 다시 보자. 내면에 오묘한 섭리가 들
어 있는 것을 발견할 수 있다. 상하방식이 각각 일장일단이 있다
면 중앙방식은 어떤가? 상(上)도 아니고 하(下)도 아니면 중앙일
수밖에 없는 것이다. 다시 보자.

	7
	5
	3
	1
	-1
	-3
	-5
	-7

단군탑에서 숫자들은 어떻게 나온 것일까? 숫자들은 석차
(席次)가 아니다. (-)(+)가 있으니 값이 될 수밖에 없다. 어떻게
그런 값이 산출될 수 있었을까?

중앙을 보라. —과 --으로 되어 있다. (당연하다!) 여기서 양
의 성질은 ↑이다. 그리고 음의 성질은 ↓인 것이다. 이에 따라
작용을 전개해 보자.

	—	4		
↑	(—)	2	→	7
	—	1		

	—	4		
↑	(—)	2	→	5
	--	-1		

$$\downarrow \quad (--) \quad \begin{array}{l} 1 \\ -2 \\ 4 \end{array} \quad \longrightarrow \quad 3$$

$$\downarrow \quad (--) \quad \begin{array}{l} -1 \\ -2 \\ 4 \end{array} \quad \longrightarrow \quad 1$$

$$\uparrow \quad (—) \quad \begin{array}{l} -4 \\ 2 \\ 1 \end{array} \quad \longrightarrow \quad -1$$

$$\uparrow \quad (—) \quad \begin{array}{l} -4 \\ 2 \\ -1 \end{array} \quad \longrightarrow \quad -3$$

$$\downarrow \quad (--) \quad \begin{array}{l} 1 \\ -2 \\ -4 \end{array} \quad \longrightarrow \quad -5$$

$$\downarrow \quad (--) \quad \begin{array}{l} -1 \\ -2 \\ -4 \end{array} \quad \longrightarrow \quad -7$$

위 그림에서 ( )은 중앙의 성질이다. 화살표는 중앙의 성질
에 따라 ↑ 또는 ↓이 정해졌다. 화살표에 따라 작용을 전개시키
면 최종값이 나온다. 단군팔괘도의 위치는 이렇게 해서 정해진
것이다. 앞으로 더욱 정교하고 심오한 방법으로 단군팔괘도를

다시 추출할 수 있다. 하지만 지금까지의 논리만으로도 단군팔괘도의 당위성은 충분히 입증된 것이다. 다시 보자.

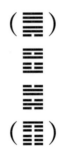

그림에서 ( )를 친 것은 꼭대기와 밑바닥 영역이다. 그대로 대성괘를 만들어본 것이다. 즉 ䷖와 ䷲이다. 이 괘상들은 위로 붙었고 또한 아래로 붙어 있다. 그래서 알기 쉬운 괘상들이다. 내친 김에 이들 괘상을 해석하자.

먼저 ䷖은 산지박(山地剝)이란 괘상인데, 산이 땅에 붙어서 위로 향하는 모습이다. 땅은 산을 끌어내리려고 하고 산은 땅을 이끌고 있는 것이다. 이는 지도자가 위에서 백성을 이끌고 있는 모습이다. 국가에서 정부가 하는 일이 바로 이것이다. ䷲를 보자. 이는 하늘이 높게 달아나는 것을 잡아당기는 모습이다. 어린아이가 강짜를 부릴 때도 이런 모습으로, 소인배가 고집을 부릴 때도 마찬가지다.

䷗을 보면 지도자는 외롭고, ䷓를 보면 소인배는 공연히 세상을 얽매는 모습을 볼 수 있다. ䷗과 ䷓는 군주괘에 속한 것이기 때문에 여기서 분석해 본 것이다. 만물을 이해하는 데는 서로 비교해야 하고 비교는 숫자로 하면 간명하다. 괘상의 값들은 그 산출방법과 함께 기억해 두어야 할 것이다.

군주괘의
내부
구조

군주괘는 다음과 같다.

이 그림에서 보면 괘상은 양이 점점 차오르다가 절정(☰)에 이르게 되면 다시 음이 차오르기 시작한다. 이런 형세는 우리가 이미 파악하고 있는 것이다. 군주괘들은 일목요연한 변화를 보여 주기 때문에 이들을 따라가면 괘상을 이해하기가 쉬워진다. 이러한 변화는 주역 64괘 중에 가장 단순하다.

그런데 이들 괘열들은 눈에 보이는 것 외에 어떤 내용을 숨기고 있는 것일까? 그것을 보자. 먼저 계층값을 계산해 놓는다. ▬▬은 2이고 ━은 3이다.

䷏	6 6	䷖	6 7	䷎	6 8	䷣	6 9	䷳	7 9	䷂	8 9

䷀	9 9	䷆	9 8	䷜	9 7	䷠	9 6	䷈	8 6	䷁	7 6

　이 값들은 상하를 분리해서 따로 계산해 놓았다. 앞에서 우리는 모든 계층값을 합쳐서 나열함으로써 군주괘가 상하 7개 층의 구조를 갖는다는 것을 확인했다.

　이제 위의 값에서 아래 값을 빼보자. 대성괘의 위쪽은 양의 위치이고 아래쪽은 음의 위치인데, 아래쪽은 하향성의 위치이기 때문에 아래값을 빼보는 것이다. 위치도 음양이 있다는 것을 알아두고 넘어가자.

䷏	6(+) 6(-)	䷖	6(+) 7(-)	䷎	6(+) 8(-)	䷣	6(+) 9(-)	䷳	7(+) 9(-)	䷂	8(+) 9(-)
	0		-1		-2		-3		-2		-1

䷀	9(+) 9(-)	䷆	9(+) 8(-)	䷜	9(+) 7(-)	䷠	9(+) 6(-)	䷈	8(+) 6(-)	䷁	7(+) 6(-)
	0		1		2		3		2		1

그림에서 (+)(−)는 위치의 성질이 양과 음이란 뜻이고 아래에 써놓은 수치들은 상하를 음양 부호대로 계산한 값이다. 현재는 어떤 질서가 보이지 않는다. 이것을 다시 배열하자.

			䷀ 0			
		䷪ −1		䷫ 1		
	䷍ −2				䷠ 2	
䷀ −3						䷁ 3
	䷡ −2				䷒ 2	
		䷦ −1		䷬ 1		
			䷁ 0			

이제 질서가 보이는가? 괘상들은 군주괘의 순환 순서에 따라 그린 것이다. 이 그림에서 좌우의 질서가 보인다. 수학시간에 수직선이란 것을 배웠을 것이다.

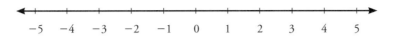

이것이 수직선인데 좌우로 끝없이 이어지는 선이다. 군주괘의 괘상들은 −3, −2, −1, 0, 1, 2, 3 등 7개의 값을 가지고 있다. 7! 여기서도 7이 나온다. 이는 군주괘가 상하 좌우로 7단계의 구조를 갖고 있다는 뜻이다. 여기서 군주괘의 값은 좌우값인데, 이들은 주역의 괘상을 이해하는 데 가장 근원적인 구조다.

좌우값은 엔트로피(entropy)라는 것으로 상하값, 즉 에너지와 함께 자연계를 이루는 절대적인 개념이다. 세상은 다 이렇게 되어 있다. 우리가 주역을 이해하는 데 있어서도 자연과학에서 확립되어 있는 에너지와 엔트로피 개념을 적용했을 뿐이다. 이 문제는 모든 괘상에 정밀하게 적용하여 괘상의 뜻을 과학적으로 분석할 것이다.

여기서는 군주괘를 순환형식으로 그렸을 때(실제로 순환하고 있다) 상하와 좌우의 성질이 존재한다는 것을 알면 된다. 소위 2차원 평면 좌표다. 주역의 괘상은 모두 2차원 공간에 배치할 수 있다. 사물을 이해하려면 그것을 공간좌표에 배치해야 하는데, 이것이 바로 범주의 개념이다. 고대 희랍의 철학자 플라톤은 사물의 가장 깊은 이해는 도형화를 통해 이루어진다고 했는데, 우리는 지금 군주괘 12개를 도형화시킨 것이다.

이들 괘상을 간추려 다시 접근해 보자. 괘상 ䷗는 −3의 값을 갖고 있고 가장 좌측에 있다. 이것은 맨 좌측에 있는 유일한 괘상이다. −2인 괘상을 보자. ䷒과 ䷗인데, 이 두 가지 괘상은 어떤 면에서는 공통의 뜻을 가지고 있다. 좌우값 −2를 가지고 있기 때문이다. 사물은 수치를 가지고 비교하는 것이 가장 근원적인 방법이다.

여기서 −2는 상하괘의 밀착도이다. ䷒과 ䷗은 밀착도가 같다. 밀착도가 가장 강한 괘상은 ䷗로, 상하가 강하게 달라붙고 있다는 뜻이다. 우주 초기에는 만물이 밀착되어 있었다. 사물은 시작할 때는 모든 것이 잘 짜여 있는 법이다. 질서정연했다고 말해도 된다. 하지만 시간이 지날수록 사물은 간격이 벌어지고 세상에는 무질서가 증가한다. 소위 엔트로피 증대의 법칙이라고 하는데, 우주의 모든 사물이 이 법칙의 영향을 받는다. 이 법칙은 주역의 괘상을 좌우에 배치하는 방법을 제공한다.

우리는 그동안 군주괘 12괘에 대해 상하 좌우값을 배정했다. 상하값을 다시 보자. 이것은 괘상의 계층값이다. 다음을 보자.

			䷀			

→ 18 → 3층

→ 17 → 2층

→ 16 → 1층

→ 15 → 0층

→ 14 → -1층

→ 13 → -2층

→ 12 → -3층

그림에서 12~18까지는 상하 계층값이다. 이것을 7개 층으로 정리했다. ䷁와 ䷀의 값은 15인데, 이것을 중심으로 했다. 즉 0으로 한 것이다. 7층으로 한 것은 괘상 간의 상대적 위치다. 이로써 우리는 좌우 7개 단계와 상하 7단계를 모두 알게 된 것이다.

여기서 ䷁ ䷀ ䷝ ䷜ 이 4개 괘상은 특별한 괘상임을 알 수 있다. 4개의 극을 이루고 있다. 주역 64개 괘상에서 이 4가지 괘상은 만물의 뿌리라고 할 수 있다.

그림을 다시 그려보자.

이 그림은 평면좌표를 이루고 있다. 군주괘 12개는 더도 덜도 아닌 이 좌표에 완벽히 표현된 것이다. 여기서 괘상들은 2개의 수치를 갖고 있는데, 이 수치들이 바로 괘상을 비교한 것이다. 수치가 같으면 뜻도 같다. 예컨대 ䷗와 ䷒는 수직값이 0인데, 이는 에너지가 같다는 뜻이다. 하지만 수평값은 −3과 3으로, 이는 밀착도가 다르다. −3은 가장 강하게 밀착했다는 뜻이고, 3은 가장 멀리 분산되었다는 뜻이다. 밀착과 분산은 괘상이 갖는 최우선의 성질이다.

이 개념으로 64괘 모두를 정렬시킬 수 있는데, 여기서 사용한 -3에서 3까지의 수치보다 더 정밀한 방법을 사용해야 한다. 여기서는 모든 괘상이 밀집과 분산의 성질을 갖는다는 것이고, 우리는 일일이 그것을 계산할 수 있다는 것을 알면 된다. 괘상의 의미는 당장 몰라도 된다. 서로 비교하는 방법을 배워 나가다 보면 뜻은 저절로 드러나게 되어 있다.

이렇게 하여 군주괘 12개의 가장 중요한 성질을 밝혀놓은 것이다. 괘상 ䷡은 무슨 뜻이 있는가? 이 괘상은 밀집도가 -2이므로 상하괘가 상당히 접근해 있다. 또한 에너지값은 1이므로 평균 이상의 에너지를 갖고 있는 것이다. 종합적으로 말하면 ䷡ 괘상은 강력한 에너지가 한곳에 강하게 집결해 있다는 뜻이 된다. 에너지가 충만한 사람이 이런 모습이다. 괘상의 이름을 대장(大壯)이라고 한 것도 그런 이유에서다.

☰과 ☷를 보자. 이 두 개의 괘상은 상하 밀집이 평균, 즉 0이다. 이는 상괘와 하괘가 적당한 간격이란 뜻이다. 적당한 간격은 괘상이 무너지지 않는다는 의미다. 다만 ☰은 에너지가 3으로서 양극이고, ☷는 -3으로 음극이다.

☶을 보자. 이 괘상은 수직값이 1로 다소 높은 곳에 위치한다. 그리고 수평값이 2로서 상하가 상당한 괴리를 갖고 있다. ☵은 고집을 부리고 ☰은 높은 곳에 위치하고 있다는 뜻이다. 어린아이는 고집을 부리고 아버지는 너무 멀리 가 있다. 서로 화합을

이루지 못한 것이다. 그래서 괘상의 이름도 돈(遯)인데, 이는 피하거나 또는 숨는다는 뜻이다.

군주괘 12개는 이런 식으로 이해하면 된다. 다른 모든 괘상들은 여기서 파생된 것으로, 파생을 공부하면 파생 전의 뜻을 더욱 분명히 알 수 있는 법이다.

주역은 지식이 아닌 지혜

이제껏 공부한 괘상들은 주로 군주괘들이었다. 64괘 모두를 다루지 않은 것은 일부러 그렇게 한 것이다. 괘상은 서로 비교해야 이해할 수 있는데, 군주괘 12개는 64괘의 중추(中樞)에 해당된다. 10년 동안 군주괘 12개만 연구해도 나머지 괘상은 저절로 깨달을 수 있다.

주역 공부는 욕심을 낸다고 갑자기 성장하는 것은 아니다. 경건한 마음을 가지고 눈앞의 문제에 철두철미해야 한다. 급할 것이 없다. 눈앞의 문제를 철저히 깨우치다 보면 어느새 공부하지 않은 괘상도 깨닫게 되는 법이다. 기실 주역은 그리 어려운 학문이 아니다. 공연히 신비하게 생각하거나 공연히 아는 척만 하지 않으면 된다.

여기서 당부하고 싶은 것이 있다. 주역을 공부함에 있어 괘

상을 이해하는 것으로 그쳐서는 안 된다는 것이다. 주역의 괘상
은 알고 나서 실행할 수 있는 것은 반드시 실행해 봐야 한다. 예
를 들어 지택림(地澤臨, ䷒) 괘상을 보고 땅 속에 깊게 자리 잡은
연못처럼 밖으로 넘치지 않고 고요히 안정하는 법을 실행하라는
것이다. 그렇게 하면 괘상을 더욱 깊게 깨닫게 될 뿐 아니라 인
격도 완성할 수 있게 된다.

주역 공부란 원래 괘상을 이해하는 것만으로 그치는 것이
아니다. 괘상을 실행하고 또한 괘상의 교훈을 처세에 활용해야
한다. 공자가 그렇게 했다. 괘상을 외우고 단순히 이해만 한다면
깊이가 없어 주역을 크게 깨닫지 못하게 될 것이다. 주역은 지식
이 아니라 지혜다. 그리고 또한 지혜를 넘어서 실행해야 할 적극
적인 교훈이다.

나의 이야기를 조금 해보자. 나는 50년 전쯤 주역 공부를 시작했다. 이때는 오로지 괘상의 뜻을 이해하고자 했기 때문에 괘상의 응용은 생각할 겨를이 없었다. 그래서 처음에는 무작정 주역 책을 많이 읽었고 나중에는 과학적으로 주역을 연구하게 되었다. 이후 괘상의 뜻은 어느 정도 터득하게 되었지만 더 깊은 영역으로 들어가는 것이 쉽지 않았다.

그러던 중 어느 날 한 가지 생각이 저절로 떠올랐다. 그것은 괘상을 완벽하게 이해하기 위해서는 이를 많이 응용해 봐야 한다는 것이었다. 무엇보다 괘상을 하나씩 실천한다는 것이 괘상과 일체를 이루는 방법이라는 것을 깨달았다.

공자가 바로 이렇게 했던 것 같다. 아는 것을 실천하면 앎이 더욱 충실해지는 것은 어느 분야에서나 마찬가지다. 실천이란 다름 아닌 연습을 말하는데, 이를 통해 몸과 마음이 하나로 통일되는 것이다. 사물은 머리로만 이해하는 것이 절대 아니다. 몸으로 체득해야만 깊어질 수 있는 법이다.

예를 들어 건위천(乾爲天, ☰)은 하늘의 기운을 뜻하는데, 이때 이 괘상의 뜻만 아는 정도로는 안 된다. 실제 몸으로 하늘의 기운을 체득하여 실천해 봐야 한다는 의미다.

예를 더 보자. 괘상 지뢰복(地雷復, ☷)은 한 가닥 기운이 도래한 것을 뜻하는데, 이때 우리는 그 기운을 감지하고 간직해 두어야 한다. 기운이 도래하는 것은 일상생활에서 흔히 경험하는 일이다. 만약 사업하는 사람이 약간 좋아진 듯하면 이를 고요히 음미하면서 자중해야 한다. 병을 앓다가 조금 회복되는 듯하면

이 기운을 간직하며 더욱 조심해야 하는 것이다. 공부하는 사람이 실력이 조금 붙는 듯하면 더욱 경계해야 하며, 사랑을 구하고자 하는 사람이 약간의 소통이 이루어지면 더욱 자제해야 한다. 이런 식으로 매사에 ䷡을 음미하고 그 자세를 취하게 되면, 괘상의 진정한 의미도 깨닫고 일도 잘 풀려나갈 것이다.

괘상 공부는 너무 광범위하다 보니 처음에는 몇 개의 괘상을 집중적으로 음미하고 실천해 보는 것이 좋다. 여기서 실천이란 괘상에 해당되는 일이 주변에 발생했을 때 그를 음미하는 것도 포함된다. 예를 들어 운동선수가 올림픽 금메달을 딴 것을 보고 '저 사람은 뇌천대장(雷天大壯, ䷡)이 되었구나' 하고 생각해 보라는 것이다. 금메달 딴 것을 보고 단지 '저 사람 좋겠네' '떴네' '제법이네' 하지 말고 '아, 저 사람 뇌천대장이 되었군. 나도 언젠가 뇌천대장이 되어야지' 이런 식으로 생각하라는 뜻이다.

산책하는 사람을 보고 '저 사람 지금 풍지관(風地觀, ䷓)이군. 이것저것 살피며 걷다 보면 행운도 올 것이야' 이런 식으로 생각하는 것이다. 저축을 많이 해놓고는 '이제 나는 지천태(地天泰, ䷊) 상태니 함부로 돈 쓰지 않고 때를 기다려야겠어'라고 생각할 수 있다.

나는 처음 괘상을 실천해 보기로 했을 때 오로지 군주괘 12개에 집중했다. '아, 저것은 산지박(山地剝, ䷖)이군.' '음, 나는 이제 지택림(地澤臨, ䷒)이 되었어.' 이렇게 1년 내내 주변과 나 자신을 살피며 군주괘 12개를 음미(실천)했더니, 어느새 군주괘의 뜻을 마음으로 아는 것이 아니라 본능적(몸으로)으로 깨달을 수 있었다.

이후 모든 괘상에 대해 그렇게 하다 보니 이제는 사물을 보고 그것을 말할 때 일상 언어가 아닌 주역의 괘상으로 말하는 것이 더욱 쉬워졌다. 사물을 보고 즉각 그 뜻을 알게 되었다는 의미다. 주역 공부는 이렇게 하는 것이다. 머리로만 쉽게 이해하고 넘어가면 주역의 물리가 터질 수 없다. 수도하는 자세로 필사적으로 달려들어야 하는 것이다. 그리고 그만한 보람이 있다. 공자는 일생을 통해 주역을 공부했다. 이보다 더한 일이 없었기 때문이었다.

독자 여러분도 괘상 공부를 통해 더 깊은 경지로 나아가기를 염원한다.

마흔에 혼자 읽는

주역 인문학 깨달음의 실천 편

초판 1쇄 발행 2016년 3월 23일
초판 12쇄 발행 2022년 2월 7일

개정판 1쇄 발행 2023년 4월 12일

지은이 김승호
펴낸이 김선식

경영총괄 김은영
콘텐츠사업본부장 임보윤
책임편집 김민경 **책임마케터** 배한진
콘텐츠개발8팀 김상영, 강대건, 김민경
편집관리팀 조세현, 백설희 **저작권팀** 한승빈, 이슬
마케팅본부장 권장규 **마케팅3팀** 권오권, 배한진
미디어홍보본부장 정명찬
브랜드관리팀 안지혜, 오수미
크리에이티브팀 임유나, 박지수, 변승주, 김화정
뉴미디어팀 김민정, 이지은, 홍수경, 서가을
지식교양팀 이수인, 염아라, 김혜원, 석찬미, 백지은
디자인파트 김은지, 이소영 **유튜브파트** 송현석, 박장미
재무관리팀 하미선, 윤이경, 김재경, 안혜선, 이보람
인사총무팀 강미숙, 김혜진, 지석배, 박예찬, 황종원
제작관리팀 이소현, 최완규, 이지우, 김소영, 김진경, 양지환
물류관리팀 김형기, 김선진, 한유현, 전태환, 전태연, 양문현, 최창우

펴낸곳 다산북스 **출판등록** 2005년 12월 23일 제313-2005-00277호
주소 경기도 파주시 회동길 490
전화 02-702-1724 **팩스** 02-703-2219 **이메일** dasanbooks@dasanbooks.com
홈페이지 www.dasanbooks.com **블로그** blog.naver.com/dasan_books
용지 신승지류 **인쇄** 북토리 **코팅 및 후가공** 제이오엘엔피 **제본** 다온바인텍

ISBN 979-11-306-9912-7 (04140)
　　　 979-11-306-4217-8 (세트)

© 김승호, 2016

다산북스(DASANBOOKS)는 독자 여러분의 책에 관한 아이디어와 원고 투고를 기쁜 마음으로 기다리고 있습니다.
책 출간을 원하는 아이디어가 있으신 분은 이메일 dasanbooks@dasanbooks.com 또는 다산북스 홈페이지 '투고원고'란
으로 간단한 개요와 취지, 연락처 등을 보내주세요. 머뭇거리지 말고 문을 두드리세요.